JN110685

ケアプラン＆アセスメント
で使える！

ケアマネのための
医学の知識

produced by **U-CAN** Learning Publications

この本の使い方

本書は、ケアプランを担うケアマネジャーが、医療の観点から知っておきたい留意点をまとめた一冊です。

第3章　疾患とチェックポイント

現場で出会うことが多い疾患・症状や、数は少ないけれども専門職として知っておきたい難病など、11系統95疾患を掲載！

どんな疾患？
原因は？
罹患・発症のしくみは？
利用者の理解や、医療職との連携に役立つ疾患の特徴を、わかりやすくまとめました。
豊富なイラスト・図表も理解の助けに！

よく現れる症状は？
代表的なものをまとめました

主に行われる治療法は？
よく処方される薬や、その治療のねらいを簡潔にまとめました

心不全
しん ふ ぜん

心臓のポンプ機能の衰えによって起こるうっ血が主な原因

心不全は血液を送り出す心臓のポンプ機能が低下し、身体全体に十分な酸素が送れず、また、全身の血流が滞るために起こる疾患。心筋梗塞などから急激に症状が出る急性心不全と、心臓弁膜症や心筋症により心臓が衰え、慢性的に症状が出る慢性心不全などがある。そのほか、高血圧や動脈硬化が起因していることもある。近年は治療法が飛躍的に進歩したために、心不全をはじめとした心臓の病気を発症しても、病気をもったまま高齢期を迎える人たちが増えている。

症状

●息切れ　●動悸　●せき　●労作性呼吸困難　●腹部膨満感　●食欲不振　●強い疲労感　●むくみ　●チアノーゼ　●不整脈　●尿量減少　●起座呼吸

治療法

●**薬物療法**　利尿薬、強心薬、血管拡張薬、降圧剤などの投与
●**酸素療法**　在宅酸素療法(HOT)の実施
●**禁煙指導**
●**禁酒、飲水・塩分の制限**
※高血圧・糖尿病・不整脈などがある場合は、心不全を誘発しないよう、原因疾患の治療を行う

高齢者の場合ここに注意!!
高齢者の場合、全身のだるさや食欲低下、便秘、活動低下といった一般的な症状だけが出ることがあるので、注意を要する

92

高齢者ならではの留意点について、症状の現れ方や、治療を受けるうえでのポイントを中心にまとめました

第1章　人体の構造と機能
第2章　日常の健康管理

▶▶▶ 次ページでご紹介します。

**アセスメント
のポイント**

アセスメントで、聞き落としてはいけないことは？
よりよいケアプランにするために聞いておくべきこ
とは？チェックリストにまとめました

第3章　疾患とチェックポイント

アセスメントのポイント

☑ 呼吸困難、胸痛発作はあるか
☑ 水分量、塩分量制限はあるか
☑ 現在の安静度、生活上の制限はあるか

循環器系

ケアプラン作成のツボ

今後の見通しと支援

心不全の予後は、重症度により異なりますが、日常の生活管理をし
っかり行い、急性増悪の兆候を見逃さないようにすることが大切で
す。

日常生活の留意点

● 塩分を控えた食事、禁煙を心がけ、過度の飲酒をしないようにし
　ます
● 水分制限がある場合、むやみに水分補給はしません
● 体重の増加は、心不全悪化の兆候であることも多いので、同じ時
　間帯に、同じ条件で、毎日体重測定をしましょう
● 血圧、脈拍も毎日測り、記録しましょう
● 休養、睡眠は十分にとります
● 心臓の負担となるため、風邪などの呼吸器感染の予防が大切です
● 心不全では、夜間に急激に増悪することがあります。あらかじめ
　急変時の対応についてチーム間で共有することが大切です

医療連携のポイント

症状増悪の兆候がみえたときはすぐに
受診

副作用・治療の影響
水分制限や利尿薬の内服な
どにより、便秘ぎみとなる

使える制度 ▶▶▶ 身体障害者手帳

ケアプラン作成のツボ

どのようなケアプランが必要とされ
るのでしょう？

今後の見通しと支援 では、疾患の
「予後」の観点から、利用者や家族に
考えられる状況とどのような支援が
必要かをまとめました

日常生活の留意点 では、生活をおく
るうえで注意したいことなど、ケアプ
ランにもりこみたいポイントがわかり
ます

医療連携のポイント では、主治医や
看護師と連携していくうえで、ぜひ情
報共有したい点、指導を受けるポイン
トなどを挙げています

薬を処方するのは医師ですが、特徴的
な副作用や、治療が生活に及ぼす影
響などはおさえておきたいものです。
副作用・治療の影響 も見逃せません

利用できる制度の見落としはあり
ませんか？
使える制度 必見です！

本書は『介護職従事者必携！ ケアプラン／アセス
メントで使える！ケアマネのための医療知識ハン
ドブック』を改訂増補したものです。

第1章 人体の構造と機能

感覚器官や骨格、臓器の名称や位置関係。あらためてみてみると、はっきりわからない部分があるかもしれません。介護の現場では、「わかりやすい言葉で説明する」ことが求められますが、そのためにはまず、知らなくてはなりません。

医療との連携においても、役立つ知識です。

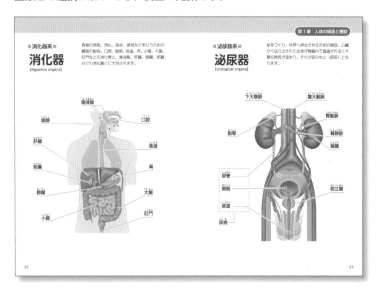

おさえておきたい！プラスα

介護にかかわる専門職として、ぜひ確認しておきたいお役立ちコラムです。イラストや図表でわかりやすく解説した31項目！

※掲載コラム一覧（P.8）をご覧ください。

第2章　日常の健康管理

高齢者の身体的な特性をはじめ、健康管理の基本である「バイタルサイン」「冷え」「摂食・嚥下障害」「便秘」などの日常生活の中で意識したい症状についてまとめました。
利用者の生活について考える際に必要不可欠な知識です。

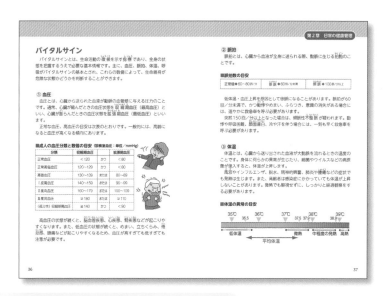

実務で役立つ情報です ▶▶▶ 付録

目次

おさえておきたい！プラスα 掲載コラム一覧

第1章

人体の構造と機能

人間の体はどのような構造でどのような働きをするのか。よく知っているようで、あらためて考えてみると、あいまいなところがありませんか？　基礎知識としておさえておきましょう。

■感覚器系■

【eye】

対象物の形状・明暗などの情報を脳に伝える感覚器官。角膜、水晶体、硝子体などを通して網膜に対象物を映し、それを視神経が脳に伝達することで対象物が見えます。

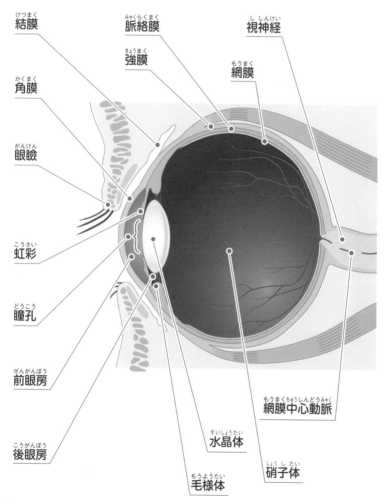

結膜（けつまく）
脈絡膜（みゃくらくまく）
視神経（ししんけい）
強膜（きょうまく）
網膜（もうまく）
角膜（かくまく）
眼瞼（がんけん）
虹彩（こうさい）
瞳孔（どうこう）
前眼房（ぜんがんぼう）
網膜中心動脈（もうまくちゅうしんどうみゃく）
後眼房（こうがんぼう）
水晶体（すいしょうたい）
硝子体（しょうしたい）
毛様体（もうようたい）

■ 感覚器系 ■

鼻【nose】

呼吸の通り道（鼻腔）であり、嗅覚をキャッチする感覚器官。鼻から吸い込んだ微生物やほこりなどの異物を鼻腔で食い止め、全身にめぐらないように防御する働きもあります。

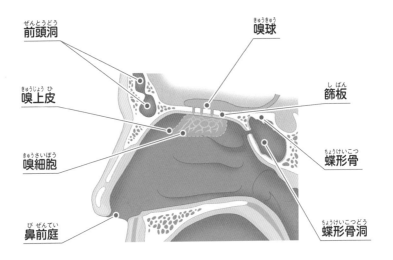

前頭洞（ぜんとうどう）

嗅球（きゅうきゅう）

嗅上皮（きゅうじょうひ）

篩板（しばん）

嗅細胞（きゅうさいぼう）

蝶形骨（ちょうけいこつ）

鼻前庭（びぜんてい）

蝶形骨洞（ちょうけいこつどう）

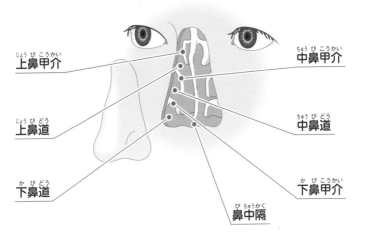

上鼻甲介（じょうびこうかい）

中鼻甲介（ちゅうびこうかい）

上鼻道（じょうびどう）

中鼻道（ちゅうびどう）

下鼻道（かびどう）

下鼻甲介（かびこうかい）

鼻中隔（びちゅうかく）

■感覚器系■

【mouth】

消化管の入口であり、口唇、舌、歯、唾液腺などを含んだ部位によって構成された器官。食物を取り入れて咀嚼し、味わい、嚥下する機能を備えます。また、呼吸や発声・発語にも大いに関係します。

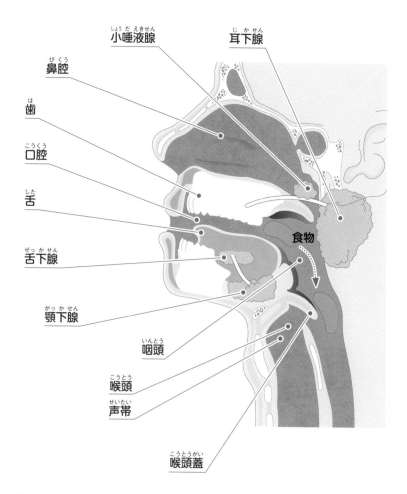

小唾液腺

耳下腺

鼻腺

歯

口腔

舌

舌下腺

顎下腺

食物

咽頭

喉頭

声帯

喉頭蓋

■感覚器系■

耳【ear】

両頬の上にそれぞれ位置する聴覚器官。外耳、中耳、内耳の構造に分かれています。音を聴くための機能と、平衡感覚を保つための機能とを備えています。

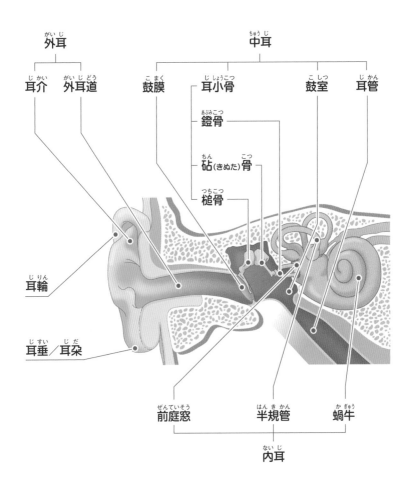

外耳（がいじ）
　耳介（じかい）　外耳道（がいじどう）

中耳（ちゅうじ）
　鼓膜（こまく）　耳小骨（じしょうこつ）　鼓室（こしつ）　耳管（じかん）
　　鐙骨（あぶみこつ）
　　砧（きぬた）骨（ちん こつ）
　　槌骨（つちこつ）

耳輪（じりん）

耳垂（じすい）／耳朶（じだ）

前庭窓（ぜんていそう）　半規管（はんきかん）　蝸牛（かぎゅう）

内耳（ないじ）

■骨格系■

骨格【skeleton】

骨格（骨組み）は、身体を支えたり内臓を保護したり、各種の部位を動かす役割をします。骨格の一部として、胸郭、大腿骨、頭蓋骨、骨盤などが挙げられます。

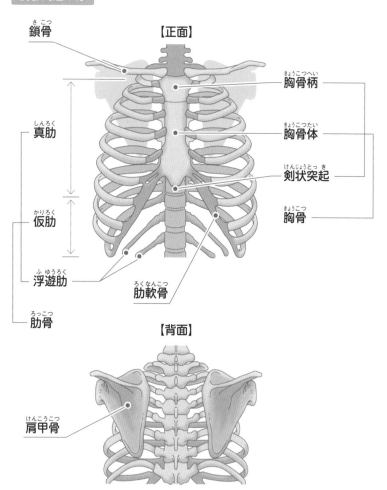

鎖骨（さこつ）

【正面】

胸骨柄（きょうこつへい）

真肋（しんろく）

胸骨体（きょうこつたい）

剣状突起（けんじょうとっき）

仮肋（かりろく）

胸骨（きょうこつ）

浮遊肋（ふゆうろく）

肋軟骨（ろくなんこつ）

肋骨（ろっこつ）

【背面】

肩甲骨（けんこうこつ）

14

肢骨

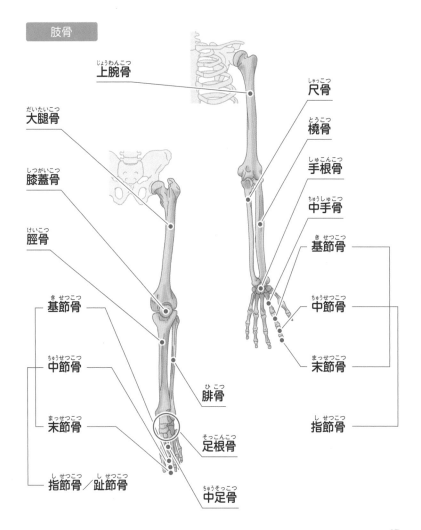

上腕骨（じょうわんこつ）

大腿骨（だいたいこつ）

膝蓋骨（しつがいこつ）

脛骨（けいこつ）

基節骨（き せつこつ）

中節骨（ちゅうせつこつ）

末節骨（まっせつこつ）

指節骨／趾節骨（し せつこつ／し せつこつ）

腓骨（ひ こつ）

足根骨（そっこんこつ）

中足骨（ちゅうそっこつ）

尺骨（しゃっこつ）

橈骨（とうこつ）

手根骨（しゅこんこつ）

中手骨（ちゅうしゅこつ）

基節骨（き せつこつ）

中節骨（ちゅうせつこつ）

末節骨（まっせつこつ）

指節骨（し せつこつ）

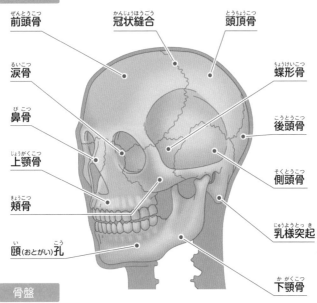

前頭骨（ぜんとうこつ）

冠状縫合（かんじょうほうごう）

頭頂骨（とうちょうこつ）

涙骨（るいこつ）

蝶形骨（ちょうけいこつ）

鼻骨（びこつ）

後頭骨（こうとうこつ）

上顎骨（じょうがくこつ）

側頭骨（そくとうこつ）

頬骨（きょうこつ）

乳様突起（にゅうようとっき）

頤（おとがい）孔（いこう）

下顎骨（かがくこつ）

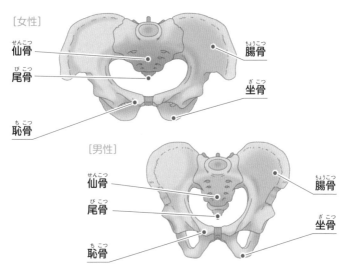

［女性］

仙骨（せんこつ）

腸骨（ちょうこつ）

尾骨（びこつ）

坐骨（ざこつ）

恥骨（ちこつ）

［男性］

仙骨（せんこつ）

腸骨（ちょうこつ）

尾骨（びこつ）

坐骨（ざこつ）

恥骨（ちこつ）

■筋肉系■

筋肉【muscle】

筋肉は、多数の筋繊維で構成され、運動や姿勢保持をします。また、関節を動かす源にもなっています。筋肉の表面は筋膜で覆われ、スムーズな動きを助けます。

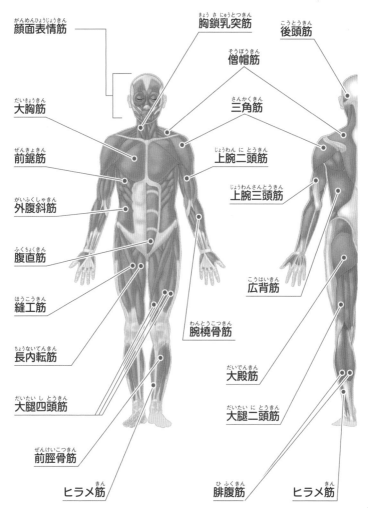

がんめんひょうじょうきん
顔面表情筋

きょうさにゅうとつきん
胸鎖乳突筋

こうとうきん
後頭筋

そうぼうきん
僧帽筋

だいきょうきん
大胸筋

さんかくきん
三角筋

ぜんきょきん
前鋸筋

じょうわんにとうきん
上腕二頭筋

がいふくしゃきん
外腹斜筋

じょうわんさんとうきん
上腕三頭筋

ふくちょくきん
腹直筋

ほうこうきん
縫工筋

こうはいきん
広背筋

わんとうこつきん
腕橈骨筋

ちょうないてんきん
長内転筋

だいでんきん
大殿筋

だいたいしとうきん
大腿四頭筋

だいたいにとうきん
大腿二頭筋

ぜんけいこつきん
前脛骨筋

ヒラメ筋

ひふくきん
腓腹筋

ヒラメ筋

■ 循環器系 ■

心臓【heart】

重さ300g程度の袋状の筋肉で、血液を全身へ運搬させる働きがあります。胸郭の中央より少し左寄りに位置し、2つずつの心室と心房があって、4つの部屋に区切られています。

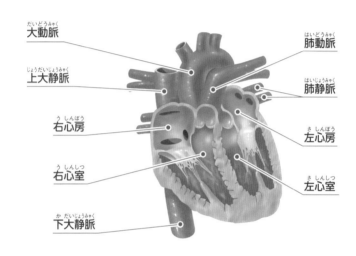

- 大動脈（だいどうみゃく）
- 上大静脈（じょうだいじょうみゃく）
- 右心房（うしんぼう）
- 右心室（うしんしつ）
- 下大静脈（かだいじょうみゃく）
- 肺動脈（はいどうみゃく）
- 肺静脈（はいじょうみゃく）
- 左心房（さしんぼう）
- 左心室（さしんしつ）

弁と血液の流れ

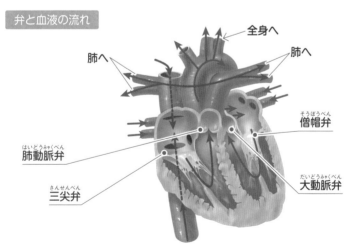

- 全身へ
- 肺へ
- 肺へ
- 僧帽弁（そうぼうべん）
- 肺動脈弁（はいどうみゃくべん）
- 三尖弁（さんせんべん）
- 大動脈弁（だいどうみゃくべん）

血管には、動脈、静脈、毛細血管があります。心臓から全身へ血液を送る大循環と、血液を肺へ送る小循環とに分けられます。

血液循環

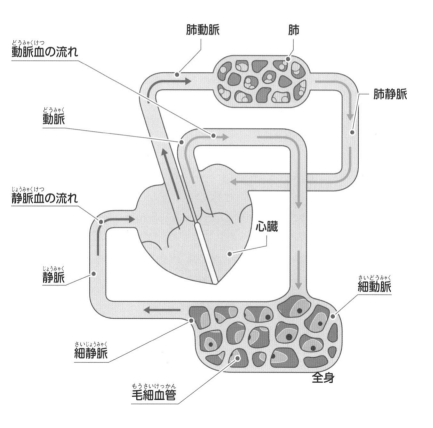

肺動脈

肺

動脈血の流れ

肺静脈

動脈

静脈血の流れ

心臓

静脈

細動脈

細静脈

毛細血管

全身

■ 呼吸器系 ■
気道
【airway / respiratory tract】

空気中の酸素を肺に取り込み、二酸化炭素を体外へ排出するための管。口腔・鼻腔・副鼻腔→咽頭→喉頭→気管→気管支→細気管支をまとめた総称でもあります。

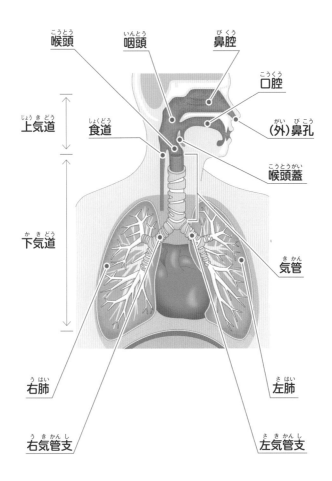

喉頭（こうとう）

咽頭（いんとう）

鼻腔（びくう）

口腔（こうくう）

上気道（じょうきどう）

食道（しょくどう）

(外)鼻孔（がいびこう）

喉頭蓋（こうとうがい）

下気道（かきどう）

気管（きかん）

右肺（うはい）

左肺（さはい）

右気管支（うきかんし）

左気管支（さきかんし）

肺胞の構造

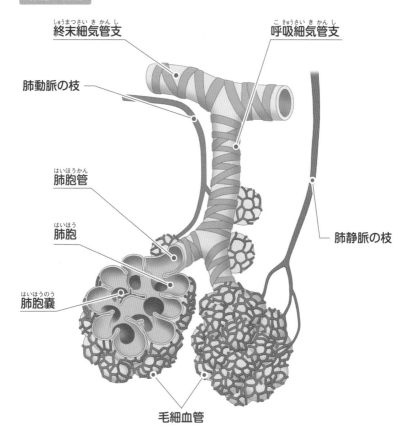

終末細気管支

呼吸細気管支

肺動脈の枝

肺胞管

肺胞

肺胞嚢

肺静脈の枝

毛細血管

■消化器系■
消化器
【digestive organs】

食物の摂取、消化、吸収、排泄などを行うための臓器の総称。口腔、咽頭、食道、胃、小腸、大腸、肛門などの消化管と、唾液腺、肝臓、膵臓、胆嚢などの消化腺とに大別されます。

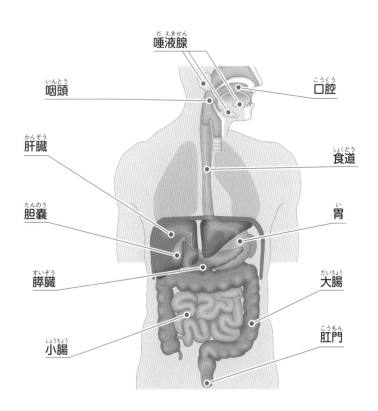

唾液腺（だえきせん）

咽頭（いんとう）

口腔（こうくう）

肝臓（かんぞう）

食道（しょくどう）

胆嚢（たんのう）

胃（い）

膵臓（すいぞう）

大腸（だいちょう）

小腸（しょうちょう）

肛門（こうもん）

■泌尿器系■

泌尿器
【urinary organs】

尿をつくり、体外へ排出させるための器官。心臓から送り出された血液が腎臓内で濾過されると不要な物質が溜まり、それが尿のもと（原尿）となります。

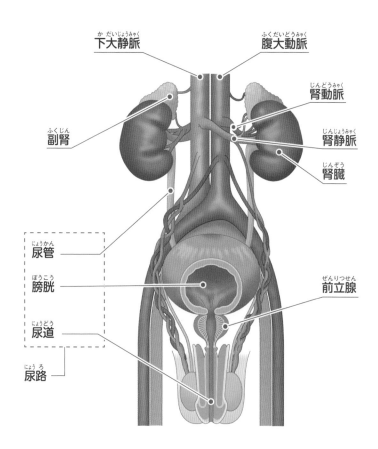

下大静脈（か だいじょうみゃく）

腹大動脈（ふくだいどうみゃく）

腎動脈（じんどうみゃく）

副腎（ふくじん）

腎静脈（じんじょうみゃく）

腎臓（じんぞう）

尿管（にょうかん）

膀胱（ぼうこう）

前立腺（ぜんりつせん）

尿道（にょうどう）

尿路（にょう ろ）

男性生殖器

【male genital organs】

男性の生殖活動にかかわる器官の総称。体内にある内性器（精管、精嚢、射精管、前立腺、精巣、精巣上体）と、体外にある外性器（陰茎、陰嚢）とに大別されます。尿道は精路でもあります。

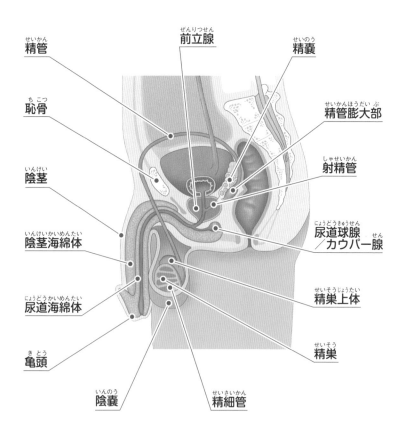

前立腺（ぜんりつせん）
精管（せいかん）
精嚢（せいのう）
恥骨（ち こつ）
精管膨大部（せいかんぼうだい ぶ）
陰茎（いんけい）
射精管（しゃせいかん）
陰茎海綿体（いんけいかいめんたい）
尿道球腺／カウパー腺（にょうどうきゅうせん／せん）
尿道海綿体（にょうどうかいめんたい）
精巣上体（せいそうじょうたい）
亀頭（き とう）
精巣（せいそう）
陰嚢（いんのう）
精細管（せいさいかん）

■生殖器系■
女性生殖器
【female genital organs】

女性の生殖活動にかかわる器官の総称。体内にある内性器（子宮、卵管、卵巣、腟）と、体外にある外性器（陰核、腟前庭、小陰唇、大陰唇）とに大別されます。

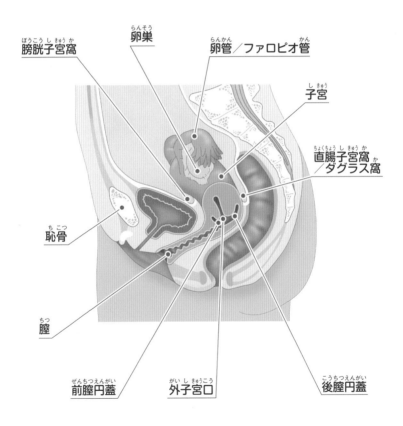

膀胱子宮窩

卵巣

卵管／ファロピオ管

子宮

直腸子宮窩／ダグラス窩

恥骨

腟

前腟円蓋

外子宮口

後腟円蓋

内性器の構造

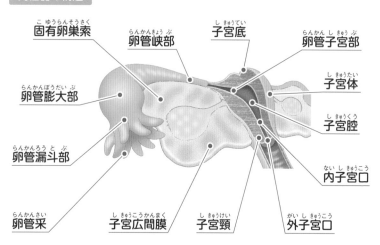

固有卵巣索（こ ゆうらんそうさく）

卵管峡部（らんかんきょう ぶ）

子宮底（し きゅうてい）

卵管子宮部（らんかん し きゅう ぶ）

卵管膨大部（らんかんぼうだい ぶ）

子宮体（し きゅうたい）

子宮腔（し きゅうくう）

卵管漏斗部（らんかんろう と ぶ）

内子宮口（ない し きゅうこう）

卵管采（らんかんさい）

子宮広間膜（し きゅうこうかんまく）

子宮頸（し きゅうけい）

外子宮口（がい し きゅうこう）

外性器の構造

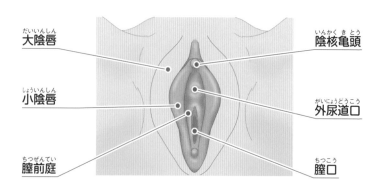

大陰唇（だいいんしん）

陰核亀頭（いんかく き とう）

小陰唇（しょういんしん）

外尿道口（がいにょうどうこう）

膣前庭（ちつぜんてい）

膣口（ちつこう）

26

■脳・神経系■

脳【brain】

頭部の左右に位置する大脳（前頭葉、側頭葉、頭頂葉、後頭葉）、大脳の後ろ側に位置する間脳（視床・視床下部）、大脳の下後方に位置する小脳、脳幹（中脳、橋、延髄）などをまとめた総称です。

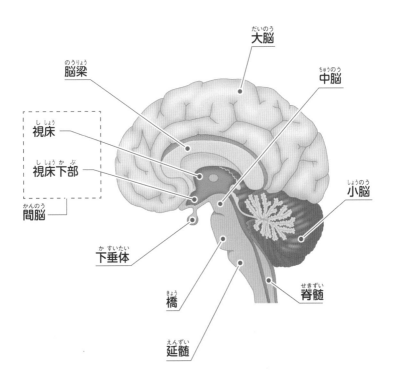

- 大脳（だいのう）
- 脳梁（のうりょう）
- 中脳（ちゅうのう）
- 視床（ししょう）
- 視床下部（ししょうかぶ）
- 間脳（かんのう）
- 小脳（しょうのう）
- 下垂体（かすいたい）
- 橋（きょう）
- 脊髄（せきずい）
- 延髄（えんずい）

■脳・神経系■

神経【nerve】

運動や知覚など、内外の変化や刺激に対して身体をコントロールし、身体の各部位に情報伝達を行って適応しようとする器官です。

神経系の構造

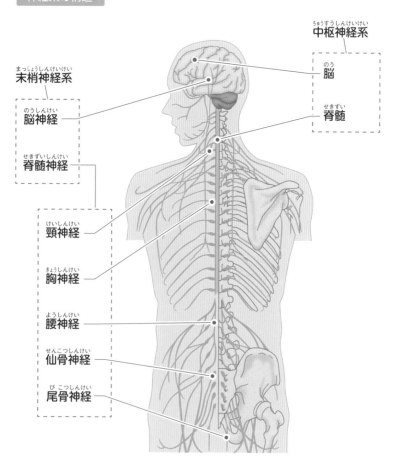

^{ちゅうすうしんけいけい}
中枢神経系

^{まっしょうしんけいけい}
末梢神経系

^{のう}
脳

^{のうしんけい}
脳神経

^{せきずい}
脊髄

^{せきずいしんけい}
脊髄神経

^{けいしんけい}
頸神経

^{きょうしんけい}
胸神経

^{ようしんけい}
腰神経

^{せんこつしんけい}
仙骨神経

^{び こつしんけい}
尾骨神経

28

■脳・神経系■

神経【nerve】

運動や知覚など、内外の変化や刺激に対して身体をコントロールし、身体の各部位に情報伝達を行って適応しようとする器官です。

神経系の構造

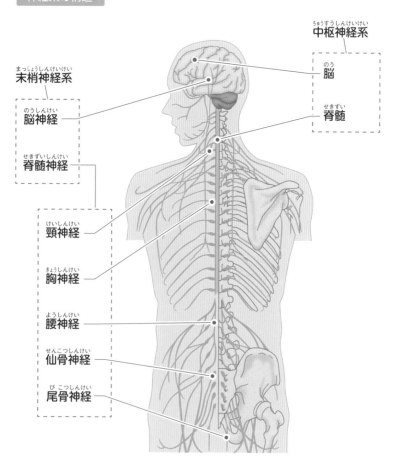

ちゅうすうしんけいけい
中枢神経系

まっしょうしんけいけい
末梢神経系

のう
脳

のうしんけい
脳神経

せきずい
脊髄

せきずいしんけい
脊髄神経

けいしんけい
頸神経

きょうしんけい
胸神経

ようしんけい
腰神経

せんこつしんけい
仙骨神経

び こつしんけい
尾骨神経

28

■脳・神経系■

脊髄【spinal cord】

脳幹の下部（延髄）から伸びる部分で、神経線維と髄膜とで形成され、外側全体を背骨が保護しています。運動系、知覚系、自律神経の伝達などを行います。

脊髄と主な神経

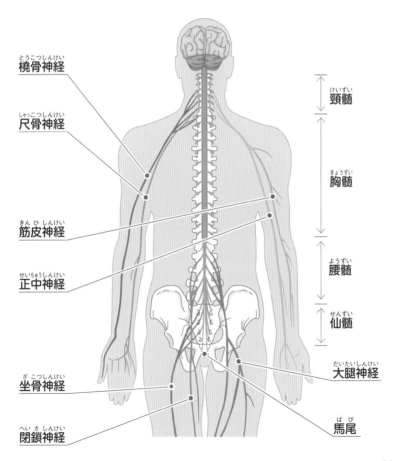

とうこつしんけい
橈骨神経

しゃっこつしんけい
尺骨神経

きんひしんけい
筋皮神経

せいちゅうしんけい
正中神経

ざこつしんけい
坐骨神経

へいさしんけい
閉鎖神経

けいずい
頸髄

きょうずい
胸髄

ようずい
腰髄

せんずい
仙髄

だいたいしんけい
大腿神経

ばび
馬尾

［脊髄損傷の損傷領域と影響］

　脊髄損傷とは、脊髄の骨折や脱臼といった外傷や、加齢による頸椎変形などが原因（非骨傷性）となって脊髄が損傷した状態を指します。中枢神経は、末梢神経と違って一度損傷すると再生、回復はあまり見込めません。

　脊髄損傷は、脊髄の機能が完全に壊れてしまった完全損傷と、脊髄の一部機能が残った不完全損傷に分類されます。

　症状は損傷の部位や程度によって大きく異なります。

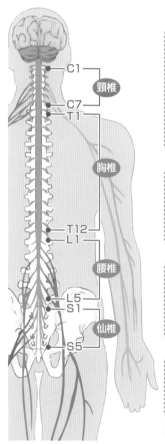

↓脊髄損傷領域

C1-3…呼吸障害、四肢麻痺
C5…肩の外転が困難
C5-6…肘の屈曲が困難
C6…手関節の背屈が困難
C7…手関節の掌屈、手指の伸展
　　が困難
C8…手指の屈曲が困難

T1…手指の開排が困難
T2-4…脚と胴体の麻痺
T5-8…脚と胴体下部の麻痺
T9-11…脚の麻痺

L1…鼠径部から下の感覚消失
L1-2…股関節屈曲が困難
L3-4…大腿伸展が困難
L4-5…足関節背屈が困難

S1…足関節底屈が困難
S3-5…膀胱と腸の制御機能消失
　　　肛門部や陰部にしびれ

※完全損傷の場合

30

第2章

日常の健康管理

利用者の生活について考えるとき、健康管理の基本となる知識をまとめました。第3章の各論に入る前に、利用者全般に関係する内容として知っておきましょう。

高齢者の身体的特性

　加齢によって心身の生理機能が低下することを**老化（現象）**といいます。一般には、30歳を頂点として、それ以降はさまざまな生理機能が低下し始めます。女性の場合、とくに**閉経期以降**に生理機能が大きく低下します。

　また、**運動機能**も加齢によって低下します。利用者の安心・安全な生活を考える際には、これら高齢者の身体的特性を十分に考慮・配慮することが必要です。

■加齢による身体機能の変化

心・血管機能	老化に伴い動脈の弾力性は失われ、硬くなる。そのため、大量の血液が動脈内を流れるときの速度は、70歳では10歳の約2倍に速まる。また、運動時の心臓の働きは、高齢者では約20％低下する。
視覚・聴覚機能	**白内障**などによる視力障害が起こる。**加齢（老人）性難聴**により、高い音域から聞き取りにくくなり、音の聞こえ低下により、言葉の聞き取りにくさが顕著となる。
平衡感覚機能	平衡感覚の低下に筋力低下も重なり、立っている姿勢を保つときに体が大きく揺れがちで、**転倒**しやすくなる。
精神機能	視力、聴力の低下や感覚の障害などから孤独感に陥り、**うつ状態**になりやすい。
消化・排泄機能	下腹部から肛門にかけての筋力低下や腸のぜんどう運動の低下により、尿失禁や排尿困難、**便秘**などが生じる。

■高齢者の心身の特性

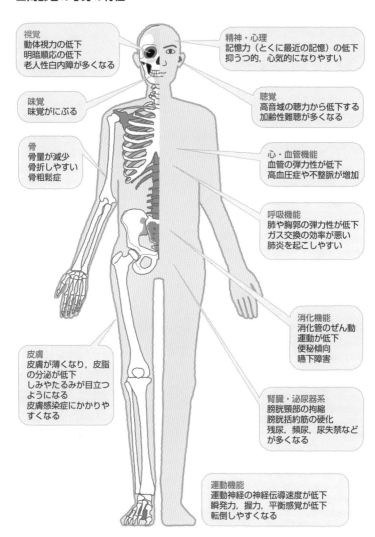

視覚
動体視力の低下
明暗順応の低下
老人性白内障が多くなる

精神・心理
記憶力（とくに最近の記憶）の低下
抑うつ的，心気的になりやすい

味覚
味覚がにぶる

聴覚
高音域の聴力から低下する
加齢性難聴が多くなる

骨
骨量が減少
骨折しやすい
骨粗鬆症

心・血管機能
血管の弾力性が低下
高血圧症や不整脈が増加

呼吸機能
肺や胸郭の弾力性が低下
ガス交換の効率が悪い
肺炎を起こしやすい

消化機能
消化管のぜん動
運動が低下
便秘傾向
嚥下障害

皮膚
皮膚が薄くなり，皮脂
の分泌が低下
しみやたるみが目立つ
ようになる
皮膚感染症にかかりや
すくなる

腎臓・泌尿器系
膀胱頸部の拘縮
膀胱括約筋の硬化
残尿，頻尿，尿失禁など
が多くなる

運動機能
運動神経の神経伝導速度が低下
瞬発力，握力，平衡感覚が低下
転倒しやすくなる

加齢に伴う現象

① 老化の種類と特性

　老化には**個人差**がありますが、できるだけ健康的で質の高い生活を通じて**サクセスフル・エイジング**を実現することが望ましいとされています。しかし、身体にとって好ましくない生活や非活動的な生活を送っていると、**生活習慣病**や**生活不活発病**（廃用症候群）が引き起こされることがあります。

- **通常老化**（健常老化）…老化がゆっくり進み、高齢期になっても心身機能を比較的高く保っていられる状態をいう。
- **病的老化**…さまざまな老化促進因子により老化が急速に進み、病気になりやすい状態をいう。**動脈硬化**を基盤とした心疾患や脳血管障害のほか、骨粗鬆症などを起こしやすく、次第に複数の疾患を併発することが特徴。

　老化と病気の違いは、**進行性**の有無により区別されます。老化は年月とともに進行し、逆戻りできない不可逆的な変化であるのに対し、病気には、治療などにより改善するといった可逆性があります。

■老化の4つの特性

普遍性	老化は動物に例外なく生じ、避けることができない
内在性	生物の老化は内的因子として体内にプログラムされている
進行性	老化は年月とともに進行する不可逆的な変化である
退行性 （有害性）	老化によって生じるさまざまな身体の変化は有害に作用する

② 老年症候群

　生理機能の低下から起こる高齢者に特有のさまざまな身体的・精神的な症状や疾患を、**老年症候群**といいます。

　症状としては、排尿障害や褥瘡、視力・聴力などの感覚障害、**摂食・嚥下困難**、低栄養による免疫機能の低下、骨関節の変形、精神機能の低下などがあります。これらはいずれも相互に関連し合って生じる高齢者特有の症状です。高齢者は、個々の疾患だけを取りあげるのではなく、全身状態を総合的にとらえて治療や管理を行うようにしましょう。

③ 生活不活発病

　生活不活発病とは、寝たきりで身体を動かす機会が少なくなったために引き起こされる、心身の病的状態をいい、老年症候群の原因のひとつともなっています。

　よくみられる身体的症状は、関節の拘縮、筋力低下、骨粗鬆症、起立性低血圧、息切れ、食欲不振、排尿障害、深部静脈血栓症、褥瘡、便秘などです。また、精神的症状には、意欲の減退、うつ傾向、認知症などがあります。高齢者が一度こうした症状をもつと機能回復に長い時間がかかるため、とくに生活不活発病では予防が大変重要です。

■加齢に伴うさまざまな現象

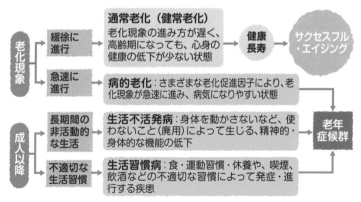

バイタルサイン

　バイタルサインとは、生命活動の徴候を示す指標であり、全身の状態を把握するうえで必要な基本情報です。主に、**血圧、脈拍、体温、呼吸**がバイタルサインの基本とされ、これらの数値によって、生命維持が危険な状態かどうかを判断することができます。

① 血圧

　血圧とは、心臓から送られた血液が動脈の血管壁に与える圧力のことです。通常、心臓が縮んだときの血圧状態を**収縮期血圧（最高血圧）**といい、心臓が膨らんだときの血圧状態を**拡張期血圧（最低血圧）**といいます。

　正常な血圧、高血圧の目安は次表のとおりです。一般的には、高齢になると血圧が高くなる傾向にあります。

■**成人の血圧値の分類と数値の目安**（診察室血圧：単位／mmHg）

分類	収縮期血圧		拡張期血圧
正常血圧	＜120	かつ	＜80
正常高値血圧	120〜129	かつ	＜80
高値血圧	130〜139	かつ／または	80〜89
Ⅰ度高血圧	140〜159	かつ／または	90〜99
Ⅱ度高血圧	160〜179	かつ／または	100〜109
Ⅲ度高血圧	≧180	かつ／または	≧110
（孤立性）収縮期高血圧	≧140	かつ	＜90

資料：「高血圧治療ガイドライン2019」日本高血圧学会

　高血圧の状態が続くと、脳血管疾患、心疾患、腎疾患などが起こりやすくなります。また、低血圧の状態が続くと、めまい、立ちくらみ、倦怠感、頭痛などが起こりやすくなるため、血圧が高すぎても低すぎても注意が必要です。

② 脈拍

脈拍とは、心臓から血液が全身に送られる際、動脈に生じる拍動(はくどう)のことです。

■脈拍数の目安

正常値◆60〜80回/分	徐脈(じょみゃく)◆60回/分未満	頻脈(ひんみゃく)◆100回/分以上

低体温・血圧上昇を原因として徐脈になることがあります。脈拍が60回／分未満で、かつ動悸(どうき)やめまい、ふらつき、意識の消失がある場合には、速やかに救急車を呼ぶ必要があります。

突然150回／分以上となった場合は、頻脈性不整脈(ふ せいみゃく)が疑われます。動悸や呼吸困難、顔面蒼白(がんめんそうはく)、冷や汗を伴う場合には、一刻も早く救急車を呼ぶ必要があります。

③ 体温

体温とは、心臓から送り出された血液が大動脈を流れるときの温度のことです。身体に何らかの異常が生じたり、細菌やウイルスなどの病原菌が侵入すると、体温が上昇します。

風邪(かぜ)やインフルエンザ、脱水、精神的興奮、肺炎や腫瘍(しゅよう)などの症状でも発熱は生じます。また、高齢者は感染症にかかっていても体温が上昇しないことがあります。微熱でも軽視せずに、しっかりと経過観察をする必要があります。

■体温の異常の目安

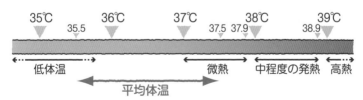

④ 呼吸

　呼吸とは、酸素を体内に取り入れ、二酸化炭素を体外に排出することです。深呼吸をするように、肋骨（ろっこつ）を大きく広げて息を吸う「**胸式呼吸**」と、おなかを膨らませて横隔膜（おうかくまく）を上下させる「**腹式呼吸**」があります。呼吸が苦しいときには、顎（あご）や肩を大きく動かす「努力呼吸」となります。

　高齢になると、老化に伴う肺の弾力の衰（おとろ）えや肺活量の低下から、浅い呼吸となる傾向があります。**呼吸数**が正常な場合でも、**呼吸の様子**や**パターン**などをあわせた観察が必要です。

■呼吸の目安・特徴と疑われる疾患

	種類◆目安（成人の場合）・特徴	疑われる疾患
呼吸数	正常呼吸◆16〜20回／分	―
	徐呼吸◆12回／分以下	頭蓋内圧亢進（ずがいないあつこうしん）など
	過呼吸◆深さが増す	過換気症候群（かかんきしょうこうぐん）など
	無呼吸◆一時的に呼吸が止まる	睡眠時無呼吸症候群（すいみんじむこきゅうしょうこうぐん）など
呼吸のパターン	チェーンストークス呼吸◆無呼吸→徐々に深い呼吸→弱くなる→数十秒以上の無呼吸を繰り返す	脳出血、腎不全（じんふぜん）、尿毒症（にょうどくしょう）、心不全、終末期など
	ビオー呼吸（失調性呼吸）◆深く速い呼吸が突然停止し、また元に戻る不規則なもの	脳腫瘍（のうしゅよう）、脳外傷
	クスマウル呼吸◆異常に深くゆっくりとした呼吸が、発作性にみられる	糖尿病性ケトアシドーシス
呼吸の様子	喘鳴◆ヒューヒュー、ゼーゼーという呼吸音	喘息（ぜんそく）、上気道感染症、死前喘鳴
	鼻翼呼吸◆吸気とともに鼻翼を広げる努力呼吸	呼吸不全
	下顎呼吸◆極めて重篤な身体状態で、下顎だけを動かす努力呼吸	重篤な呼吸不全
	陥没呼吸◆胸腔内（きょうくう）が強い陰圧（いんあつ）になり、胸の真ん中の胸骨の上や肋骨と肋骨の間が息を吸うとへこむ	呼吸窮迫症候群（こきゅうきゅうはくしょうこうぐん）（新生児、乳児）
	起座呼吸◆臥位になると呼吸困難が強くなり、上体を起こすと呼吸が楽になる	心疾患の発作時

高齢者に多くみられる症状

① 冷え

▶ 主な原因と症状

❖ 冷えとは、全身の血流が悪く、手足の末端や腰部・腹部が常に冷えている状態です。**運動不足**や**自律神経の乱れ**、身体を冷やす**生野菜**や飲料水、**喫煙**、**過剰な飲酒**などが原因とされます。また、甲状腺機能障害などホルモン調節機能の異常が原因とも考えられます。

❖ 症状としては、のぼせ、ほてり、しびれ、肩こり、腹痛、腰痛などがあります。

▶ 主な治療法と予防

❖ 原因疾患から冷えが生じているようであれば、それを治療します。

❖ 予防としては、血流を促進させることが一番なので、**毎日の散歩**や**体操**、40度以下の湯にゆっくりと浸かって副交感神経をリラックスさせるなど、**身体を温める生活**をおくるとよいでしょう。

▶ 注意！

❖ 冷えの症状をほうっておくと、**高血圧**や**動脈硬化**、**自律神経失調症**、**膠原病**などを誘発させる危険性があるため、内臓を冷やさないよう野菜は**温野菜**に調理し、血流を悪くする可能性のある**脂肪分の多い食事**を控えてもらいましょう。

② 浮腫（むくみ）

▶ 主な原因と症状

❖ 浮腫は、体内の水分や血流が滞り、顔や手足などがむくむ状態です。**塩分や水分の過剰摂取**により一時的に生じることがありますが、腎臓、肝臓、心臓の疾患などが原因で起こることもあるので注意しましょう。

❖ 症状としては、顔がむくむ、手足を指で押すとへこみができて消えにくい、**体重の急激な増加**などがあります。

▶ 主な治療法と予防

❖ 原因疾患によって治療法は異なります。**塩分や水分の過剰摂取**や血流の滞留が原因であれば、利尿薬の服用、足踏みやウォーキングなどの運動療法のほか、**塩分や水分の摂取制限**を行います。

▶**注意！**

❖浮腫が続くようなら、何らかの疾患の可能性もあるため、医療機関での受診を促しましょう。その際に、浮腫が生じる部位によって原因疾患が異なるため、どの部分にどの程度出ているかを記録します。急激な体重の増加も浮腫の兆候と考えられるので、**体重の記録も毎日**とるとよいでしょう。

③ **低栄養**<ruby>低栄養<rt>ていえいよう</rt></ruby>

▶**主な原因と症状**

❖低栄養は、**たんぱく質やエネルギーなどが不足する状態**です。体調不良、ストレス、薬の副作用による食欲不振、偏食、口腔<rt>こうくう</rt>機能や嚥下力<rt>えんげりょく</rt>の低下、食事の用意をしたり食べたりする意欲やADL（日常生活動作）の衰え<rt>おとろえ</rt>、孤独感などが原因と考えられます。

❖症状としては、疲労、運動機能・免疫力<rt>めんえきりょく</rt>の低下、疾患の悪化などがあります。

▶**主な治療法と予防**

❖血中のたんぱく質量をあらわす**血清アルブミン値**を定期的に測定し、医師や管理栄養士などによる栄養指導を受けましょう。

❖たんぱく質とエネルギーが豊富な食事、および水分を摂ります。

❖1日3食にこだわらず、何回かに分けて食べてもよいでしょう。

▶**注意！**

❖食欲をわかせるために食べやすく調理することは重要ですが、食材を小さくきざみすぎると、口内で食塊形成がしにくく、かえって誤嚥<rt>ご</rt>嚥<rt>えん</rt>を起こすことがあります。筋切りや隠し包丁のほか、やわらかく煮たりゆでたり、提供するひと口の大きさを変えるなどのくふうが必要でしょう。

④ 摂食・嚥下障害
▶主な原因と症状
❖摂食・嚥下障害は、むせやせきが生じる、咀嚼や飲み込みがしにくくなる、気道に食べものや唾液が入る、などを繰り返す状態です。老化や口腔機能の低下、脱水、薬の副作用、脳・呼吸器・神経系の疾患による後遺症などが原因とされます。

❖症状としては、急激な痩せや食欲低下、肺炎などがあります。

▶主な治療法と予防
❖まず水を飲み込むときの状態や、食べものを噛んだり飲み込んだりするときの状態を確かめるための検査を受けます。それに応じたリハビリなどを行いましょう。

❖食事時はいすに深く座り、顎を引き首を少し前に曲げた姿勢をとります。

❖歯磨きや舌苔・粘膜の除去など、口腔清掃をきちんと行います。

▶注意！
❖ベッド上での食事は、誤嚥の原因となりやすいため、**食卓のいす**を利用するようにしましょう。ベッド上で食事をする場合は、**上体が反らず、顎を突き出さない姿勢**をとることが重要です。

⑤ 発熱
▶主な原因と症状
❖高齢になると若年層に比べて発熱しにくくなり、肺炎など重大な疾患が発症してもあまり高熱を発しないことがあります（無熱性肺炎）。そのため、微熱であっても**いつもと比べて元気や食欲がない**、少し様子がおかしい、微熱がいつまでも続く、といった場合には注意する必要があります。

❖高齢者の発熱の原因として多いのは、脱水や尿路感染、肺炎、気管支炎などの感染症です。そのほかに、褥瘡が原因となって発熱する場合や、体温調節がうまくできずに発熱する場合もあります。

▶主な治療法と予防
❖悪寒があり、震えている場合の応急処置としては、室温を高めに設定し、必要に応じて電気毛布やあんかを使用して温めます（低温やけどに注意）。

❖**38.5℃以上の発熱がある場合**や、**熱中症の場合**には、頸部、腋の下、太ももの付け根（鼠径部）など、太い動脈が走っている部位に保冷剤や冷却剤をあてて放熱を助けるクーリングを行います。

▶注意！
❖脱水症状に伴う発熱の場合には、スポーツ飲料などによる水分補給も必要です。

⑥ 熱中症
▶主な原因と症状
❖熱中症は、電解質のバランスが崩れたり、体温調節がうまく機能しなくなることによって体内に熱がこもり、身体の不調が生じる状態です。屋内外を問わず急激な暑さや、長時間日差しを受けていたり、温度や湿度が高い場所に居続けたりすることなどから起こります。

❖症状としては、頭痛や吐き気、めまい、けいれん、意識障害などがあります。

▶主な治療法と予防

❖**安静**にし、涼しい場所に移動させて**衣服をゆるめます。**耳の後ろや**腋窩**（えきか）などの**リンパ腺を冷やします。**吐き気がある場合は、**嘔吐物**（おうとぶつ）が詰まらないように＊**心臓を上側**にして**側臥位**にしましょう。

❖**脱水を防ぐために、水分補給**や**点滴**を速やかに行います。

＊片麻痺のある場合には、**患側**（かんそく）を上に向けます。

▶注意！

❖糖分や塩分の入った**補水液**や**スポーツ飲料**を**摂取しすぎる**と、**高血圧や糖尿病**を誘発するおそれがあります。塩分や糖分制限を受けている方の場合、水分補給回数や摂取する塩分・糖分の量をきちんと記録します。

⑦ **便秘**（べんぴ）

▶**主な原因と症状**

❖便秘は、数日以上排便がない、あるいは毎日排便しても残便感があるなど排便が困難な状態です。便秘には**各種タイプ**があり、ぜんどう運動や腹圧の低下、食生活の乱れ、水分摂取不足、ストレス、降圧剤や利尿薬（りにょう）の副作用、腸閉塞（ちょうへいそく）、胃腸疾患などが原因となります。

❖症状として、腹部膨満（ぼうまん）、食欲不振、イライラ、不眠などがあります。

▶**主な治療法と予防**

❖市販の下剤を使用している場合は、薬が適正かを医師に相談し、腸に負担をかけたり耐性ができたりしやすい**下剤の乱用はやめましょう。**

❖**規則正しい食生活**と**睡眠**を心がけます。**排便を促す腹圧体操**や、ぜんどう運動を促す**ウォーキング**などを行います。

▶**注意！**

❖寝たきりなどでは腹圧がかかりにくく排泄を困難にするため、介護者は**おむつをはずす努力**や、まめな**体位変換**および**移乗**を試みます。

■便秘の種類と改善策

種類	原　　因	改善策
弛緩性便秘（しかん）	腹圧の低下や腹部の筋力の低下 食事を摂らない 身体を動かさない	不溶性食物繊維や脂肪分の多い食品の摂取 善玉菌を増やす食品の摂取 冷たい水、牛乳、ヨーグルト、果物、糖類など
直腸性便秘	便意の我慢による腸の運動の低下 便秘薬や浣腸による強い刺激（かえって便秘が悪化するため）	毎日、朝食を食べる 食物性繊維食品の摂取 毎日の排便の習慣づけ
けいれん性便秘	ストレスや睡眠不足など（排便しても少量や、硬くコロコロした水分のない便） 不溶性食物繊維の食品やガスを発生しやすい食品（ゴボウ、タマネギ、こんにゃく、セロリなど）の摂取 脂肪分の多い食品、カフェインや香辛料などの刺激物の摂りすぎ	水溶性食物繊維や粘液性の食品（ワカメ、そば、おくら、とろろ芋、春菊、ブロッコリー、切り干し大根、オートミール、モロヘイヤ、かぼちゃ、桃、キウイ、あんずなど）の摂取

⑧ 便失禁（べんしっきん）

▶主な原因と症状

❖便失禁は、何らかの原因で、自分の意思に反して便がもれ出てしまう状態です。神経性のほか、膀胱炎（ぼうこうえん）、尿道炎、慢性腎不全、糖尿病、脳卒中、前立腺肥大、大腸炎、大腸がん、認知症、過労、ストレスなどが原因で起こる場合もあります。

❖便失禁には次ページの**4つのタイプ**があります。

■便失禁の種類と対処法

種　類	原　因	改善策
切迫性便失禁	便意を感じると、我慢ができずにもれ出てしまう	服薬治療や便意を我慢する訓練などを行う
腹圧性便失禁	加齢や疾患などにより肛門括約筋が衰えるため、腹圧がかかるともれ出てしまう	肛門括約筋を鍛え、肛門の筋肉のゆるみを解消する
溢流性便失禁	便秘などにより、腸に便が溜まりすぎてもれ出てしまう	生活習慣を見直して便秘を改善することに努める
機能性便失禁	脳疾患や認知症などにより、排便の判断がつかずに排便がうまく行えずもれ出てしまう	行動障害の原因を探り、その原因を改善し、トイレに誘導しやすい方法を考える

▶**主な治療法と予防**

  ❖肛門括約筋を締める電気刺激療法や、薬物治療を行うとともに、**排便日誌**を記録し、その量や回数、形状などを判断しながら、トイレに行く時間などをコントロールします。

  ❖**食事内容**や**水分量**を見直したり、**ストレスの緩和**を図ります。

▶**注意！**

  ❖**認知症**の場合、トイレに行く判断ができなかったり、排泄する場所が認識できなかったりして失禁してしまうことがあるので、**トイレの場所を大きく表示**し、トイレ誘導しやすい動線を見直すなど、認知症の方の気持ちになって考えてみましょう。

⑨ 睡眠障害

▶**主な原因と症状**

- ❖睡眠障害は、自律神経のバランスが乱れ、交感神経の異常な緊張や興奮から十分な睡眠や質のよい睡眠がとれない状態です。心因性や食事、嗜好品、薬の副作用、認知症のほか、脳疾患などの後遺症が原因でも起きやすくなります。
- ❖症状として、すぐ眠れない、途中で目が覚める、**早朝覚醒**などがあります。

▶**主な治療法と予防**

- ❖すぐに睡眠導入剤を使用せず、原因となっている疾患やストレス、悩みなどを軽減する方法を考えます。飲酒、喫煙、刺激の強い食べものや炭酸飲料の過剰摂取は控えるようにします。
- ❖副交感神経を活性化させるとよく眠れるとされるため、日中はできるだけ活動したり、趣味や好きなことを見つけたりしましょう。

▶**注意！**

- ❖**寝酒**を飲まないと眠れないと訴える方もいますが、飲酒は一時的に眠ることができても、目覚めるとなかなか眠れず、逆に**睡眠障害の原因**となります。**飲酒やカフェイン**は**就寝の2～3時間前まで**とするようにアドバイスをしましょう。

第3章

疾患と
チェックポイント

各疾患の特徴などを知ることは、適切なケアプランの作成に欠かせないポイントです。高齢者の場合は？　アセスメントで何を聞く？どんな制度が使える？　各要件をあわせておさえておきましょう。

脳梗塞
（のう こう そく）

脳血管障害の75％を占める、脳細胞の壊死を誘発する疾患

脳に栄養を運ぶ動脈血管に血栓が詰まり、脳に酸素と栄養が行き渡らなくなることで、やがては脳細胞が壊死していく。細い血管が詰まるラクナ梗塞、太い血管が詰まるアテローム血栓性脳梗塞、心臓や頸動脈にできた血栓が循環してきて脳血管が詰まる心原性脳塞栓の3つに大別される。また、前兆として、一時的に脳血管が詰まり、24時間以内に詰まりが消失する一過性脳虚血発作（TIA）が、脳梗塞患者全体の3割にみられる。原因としては、高血圧、糖尿病、脂質異常症や飲酒、喫煙などが挙げられる。

ラクナ梗塞

アテローム血栓性脳梗塞

心原性脳塞栓

症状

●めまい ●ふらつき ●構音障害（舌がもつれるような発音）●視力障害（片方の視力消失、物が二重に見えるなど）●片手・片足、顔半分の麻痺やしびれ

治療法

- **薬物療法** 発症3時間以内に対処し、その後も抗凝固薬を投与
- **生活指導** 水分摂取、減塩、減カロリーなどで再発を防止
- **運動療法** 医師の運動処方により実施

高齢者の場合ここに注意！！

①喉の渇きを感じにくいので、脱水を予防するために意識的に水分を摂取してもらう
②高齢者に多い心原性脳塞栓は、心房細動によって形成された血栓が原因。心臓に現れた症状でも注意が必要である

脳・神経系

アセスメントのポイント

- ☑ 再発の危険因子となる疾患がないか
- ☑ 服用薬について確認
- ☑ 自立移動を行ううえで十分な環境か

ケアプラン作成のツボ

今後の見通しと支援

再発すると、麻痺などの後遺症が段階的に重くなります。高血圧、糖尿病、脂質異常症、心房細動（脳塞栓の場合）が発症の危険因子となるため、医師の指示に沿った生活指導、薬物療法、運動療法により生活機能の改善と再発予防をしていきます。

日常生活の留意点

- 喫煙は高血圧や脂質異常症のリスクを高めるため、禁煙が必要です
- ビタミンKを含む薬（骨粗鬆症薬など）や食品（とくに納豆、青汁など）は薬の作用を弱めるため、抗凝固薬を服用中は避ける必要があります
- 脱水状態になると、血液が濃縮され血栓ができやすくなります。定期的な水分補給が大切です
- 歩行補助用具などの福祉用具の利用、手すりの設置などの住宅改修で、自力で動ける範囲を拡大するようにします

医療連携のポイント

- リハビリテーションの評価
- 薬剤の相互作用などの確認
- 脳梗塞の前触れとなる「一過性脳虚血発作」時はすぐに受診

副作用・治療の影響

抗凝固薬や抗血小板薬の服用で出血傾向が高まる。抜歯などの際は服用をやめることがある

使える制度 ▶▶▶ 介護保険の特定疾病　身体障害者手帳　障害年金

49

 脳・神経系の病気

脳内出血
（のう　ない　しゅっ　けつ）

■ 出血部位によっては致命的となる脳血管疾患

脳の血管が破れ、脳の内部に出血することで激しい頭痛をはじめとするさまざまな症状をきたす。出血する部位により、被殻出血、視床出血、大脳皮質下出血、小脳出血などに分類される。このうち視床出血は高い死亡率を示し、一命を取り留めても後遺症が残ることが多いとされる。原因としては、急な寒さへの曝露、ヒートショック、ストレス、喫煙、アルコール、塩分、肥満、運動不足などさまざまな要素が挙げられるが、高血圧によるものが全体の約6割を占め、最多とされる。血圧の変動するタイミングが好発時期といえ、統計的には真冬と真夏の7時と17時頃の発症が最多といわれる。また入浴、興奮、排便など血圧が上昇する際の発症も多い。再発を防ぐためにも、血圧の管理が重要となる。

■ 症状

● 激しい頭痛　● 嘔吐（おうと）　● めまい　● 麻痺　● しびれ　● 大きないびき
（喉、舌の緊張がゆるみ、舌根沈下が起こるため）

■ 治療法

● **薬物療法**　血圧を下げる降圧剤を用いる。また脳の浮腫を取る脳圧降下剤を併用する場合もある
● **手術**　血腫（出血が固まったもの）が取り除けそうな場合に行う
● **リハビリテーション**　後遺症に対して行う

高齢者の場合ここに注意！！

①加齢で血管がもろくなり破れたり、脳アミロイド血管症による脳出血が増えたりするため、血圧が正常な人でも可能性はある
②近年では高齢者の視床出血が増加中という報告がある

脳・神経系

アセスメントのポイント

☑ 麻痺などの合併症、後遺症の程度の把握

☑ 食事、入浴、着脱、排尿動作の自立の程度

☑ 服薬状況、通院の付き添いの有無

ケアプラン作成のツボ

今後の見通しと支援

生活機能の改善と再発予防のためのアプローチは脳梗塞と同様ですが、高血圧のコントロールがより重要になります。専門職によるリハビリテーションのほか、通所サービスや日常生活での運動も取り入れていきましょう。

日常生活の留意点

● 毎朝起床後に、血圧と脈拍を測るなどの定期的な血圧管理を徹底しましょう

● 食事は、減塩（7g／日以内）、高たんぱく食とし、過食とならないようにします。喫煙、飲酒も控えます

● 入浴の前後は、血圧の変動が激しくなります。お湯の温度は38〜40℃位と低めに設定し、とくに冬場は、脱衣所や浴室を暖め温度差を少なくするなど配慮します

● 昼間や活動時は血圧が高くなるので注意が必要です

● 嚥下障害がある場合は、誤嚥防止のための介護、誤嚥性肺炎予防のための口腔ケアを位置づけます

副作用・治療の影響

カルシウム拮抗薬は、グレープフルーツとの食べ合わせに注意が必要。α遮断薬では起立性低血圧などに留意する

医療連携のポイント

● 降圧目標値を医師に確認

● リハビリテーションの評価

使える制度 ▶▶▶ 介護保険の特定疾病　身体障害者手帳　障害年金

くも膜下出血

死亡率の高い脳動脈瘤の破裂

主に、脳動脈瘤（脳動脈が部分的にこぶ状に膨らんだもの）が破裂し、くも膜と軟膜の間にある、くも膜下腔に出血して起こることが多い。
脳動脈瘤は100人中2〜3人にあるといわれ、遺伝的な原因が指摘されている。動脈瘤の破裂率は年間0.5〜1％程度とされる。動脈瘤以外の原因としては、飲酒、喫煙、高血圧などが挙げられる。

症状

- 突然の激しい頭痛　●嘔吐
- 一過性の意識障害　●けいれん

※動脈瘤破裂の前に動眼神経麻痺（物が二重に見えたり、まぶたが閉じなくなったりする症状）が出現することもある

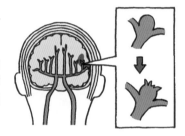

治療法

- **開頭クリッピング術**　動脈瘤を金属のクリップで留める
- **脳動脈コイル塞栓術**　動脈瘤に柔らかい金属コイルを詰める
- **リハビリテーション**　生活障害、高次脳機能障害が残った場合

高齢者の場合ここに注意！！

①体力的に手術が困難となり、脳自体の回復力も弱まっていること、さらに合併症を起こしやすいことから、致命的になる可能性が高い
②回復しても、自立が損なわれることが多い

脳・神経系

☑ 疾病管理の方針を確認

☑ 失行、失認、失語の有無、高次脳機能障害による生活への影響はどうか

☑ 介護力の評価、環境整備はどうか

ケアプラン作成のツボ

今後の見通しと支援

脳血管障害の中でも死亡率が高く、重い後遺症が残りやすいです。医療との連携でリハビリテーションは早期から開始します。再発防止では血圧管理が重要になります。

日常生活の留意点

- 過度の安静は生活不活発病を引き起こします。外出して他者とのコミュニケーションをもつなど、心身機能を活性化できるよう働きかけます
- 高次脳機能障害は「記憶」「言語」「思考」「注意」「判断」「行動」などに障害が起き、外見からはわかりにくく、本人も自覚していないことがあります。疾患への理解とサポートが重要です
- 激しい頭痛や嘔吐などの症状がみられたら一刻も早い受診が必要です
- 約1か月経過してから発症する「遅発性水頭症」があり、認知症、尿失禁、歩行障害などの症状が現れます

医療連携のポイント

- リハビリテーション評価、運動の程度の確認
- 高次脳機能障害がある場合の治療や支援方針、言語聴覚士との連携

使える制度 ▶▶▶ 介護保険の特定疾病　身体障害者手帳　障害年金

慢性硬膜下血腫

徐々に進行する硬膜と脳の間の血腫

発生頻度は年間で10万人に1〜2人程度で、比較的男性に多い疾患。頭部外傷から1〜2か月程度経過し、その間に硬膜下の血腫が大きくなり脳を圧迫して症状を引き起こす。

外傷以外には、長期の飲酒による肝機能障害によるもの、脳梗塞・硬膜下水腫・不整脈・人工透析などに際して投与される抗凝固薬や抗血小板薬（血が止まりづらくなるため血腫ができやすい）などによるもの、水頭症に対するドレナージ時の減圧によるもの、などが挙げられる。

適切な処置が行われれば予後は良好。ただし、術後1か月前後の時期に再発することも多いため、とくに注意が必要である。

症状

- 意識障害　● 言語障害　● 急激な認知機能の低下　● 記銘力の低下
- 精神症状（抑うつ）　● 意欲減退　● 失語症　● 手足の麻痺　● 頭痛
- 吐き気　● てんかん

治療法

- **血液の排出**　血腫がある部分の頭皮を切開し、チューブで溜まった血液を吸い取る（穿頭ドレナージ術）
- **血腫の洗浄**　ドレナージ中、同時に生理食塩水で血腫を洗浄する（穿頭洗浄術）こともある

高齢者の場合ここに注意！！

①比較的高齢者に多く、認知症やうつ病と似た症状を呈するため、画像診断などにより、早期の確定診断が必要である

②リスクとなる抗凝固薬や抗血小板薬の服用がないか確認する

脳・神経系

アセスメントのポイント

☑ 再発リスクの高い合併症などの有無

☑ 移動動作の確認

☑ 室内状況（とくに段差の有無）の確認

ケアプラン作成のツボ

今後の見通しと支援

手術で早期に血腫を取り除けば、予後は比較的良好で、認知障害や麻痺などの症状も軽快します。生活機能の程度に応じたリハビリテーションの継続、生活指導、転倒予防が重要です。

日常生活の留意点

- 転倒した場合、1〜3か月で症状が現れます。急に言動がおかしくなった、軽い麻痺の出現、歩行障害が出てきた場合などに疑います
- 過度の飲酒、脳萎縮、歩行障害により転倒しやすい人、血液透析患者、抗凝固薬を服用している人などは発症リスクが高いので注意が必要です
- 住宅内の段差の解消や手すりの設置で、転倒を防止します
- カーペットのめくれや電気コードも転倒の原因となるため、室内の整理整頓を心がけます

医療連携のポイント

- 認知症やうつ病との症状の違い、区別について医療職から情報を得て、担当者間で共有

副作用・治療の影響

抗凝固薬を服用していると、血液が止まりにくく、発症・再発リスクが高くなる

使える制度 ▶▶▶ 障害が残った場合：精神障害者保健福祉手帳、身体障害者手帳、障害年金

急性硬膜下血腫

▋頭部外傷により、脳の表面（硬膜下）にできる血腫

交通事故、スポーツ、転倒など、何らかの理由によって頭部に外傷を受けた場合、脳と硬膜をつなぐ静脈に断裂が起こり、硬膜下に血液が溜まって発症する。

受傷直後に異常がなくても、その後に意識障害が出現し、急速に悪化することもある。その場合の予後は極めて悪く、高次脳機能障害（失語、失行、失認、人格の変化など）が残る例が多い。脳損傷、脳挫傷、くも膜下出血を併発している場合も、予後は悪い。

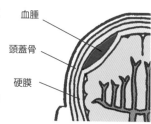

血腫
頭蓋骨
硬膜

▋症状

● 強度の頭痛 ● 嘔吐 ● 麻痺 ● 意識障害 ● 言語障害 ● 瞳孔の大きさが左右で異なる（瞳孔不同）

▋治療法

● **緊急手術** 第一選択の治療法。局所麻酔を用いて頭蓋骨に穴を開け、血腫を吸引する
● **漢方薬** 術後や手術不可の場合に投与することがある
● **リハビリテーション** 後遺症による生活障害、高次脳機能障害に対して行われる

高齢者の場合ここに注意!!

①若年者に比べ、ゆっくりと症状が現れるため見逃されやすい
②転倒が発症につながるため、転倒予防のための住宅環境整備を行い、歩行に困難がある人にはとくに注意を払うようにする

脳・神経系

アセスメントのポイント

- ☑ 自宅復帰後の生活機能の自立の程度はどうか
- ☑ 後遺症とそれが及ぼす生活機能の制限はどうか
- ☑ 再発の可能性は？

ケアプラン作成のツボ

今後の見通しと支援

脳の損傷の程度により、予後や生活機能の自立の程度が変わります。慢性硬膜下血腫よりも失語症、失認、失行など重度の高次脳機能障害後遺症が残る可能性が高い疾患です。

日常生活の留意点

- 手術後に新たな血腫が現れることもあり、医療との連携により経過観察が重要となります。定期的な受診または往診を位置づけます
- 後遺症として認知機能低下が長期に継続する場合は、介護保険の「特定疾病」の対象となります
- 生活機能障害が生じた場合には、専門職によるリハビリテーションが必要です
- 慢性硬膜下血腫と同様、転倒予防が重要です

医療連携のポイント

- どのような症状が現れたときに受診するか、などの情報の共有を図る

副作用・治療の影響

抗凝固薬の服用中は注意が必要

使える制度 ▶▶▶ 障害が残った場合：精神障害者保健福祉手帳、身体障害者手帳、障害年金

筋萎縮性側索硬化症（ALS）

運動神経が破壊されていく、神経障害の難病

四肢、舌、喉といった部位の筋肉が痩せていき、筋力が低下する神経変性疾患。1年間に人口10万人あたり1〜2人が発症するとされ、中高年が好発年齢といわれる。男女比では、男性の発症が女性の2倍程度となっている。

進行するスピードが早く、発症後3年から5年で罹患者の半数ほどが呼吸筋麻痺に至り、死に直面するとされる。原因としては遺伝的要因を中心にいくつかの説があるが、確かではなく、現状では根本的な治療法も存在しない。

症状

●筋肉の萎縮　●筋力の低下　●攣縮（手足がぴくぴくと痙攣する）　●嚥下障害　●構音障害　●開口不全　●歩行困難　●呼吸困難

治療法

●興奮性神経伝達物質の投与　病気の進行を遅らせる
●睡眠薬、精神安定剤の投与　不安・不眠を改善する
●鎮痛剤の投与　痛みを取り除く。末期には緩和医療も用いる
●胃ろう　●中心静脈栄養　嚥下障害がある場合などに適用
●人工呼吸器　呼吸筋まで麻痺が進行した際に装着する
●薬物療法　リルゾールが呼吸不全までの期間を延ばすために投与されることがある（本症に対して唯一認可されている薬）

高齢者の場合ここに注意!!

①飲み込みにくい、話しづらいといった症状から発症する例が多いとされ、この場合、症状の進行も早いといわれる
②人により経過が異なるので、ケースに沿った対処が必要

脳・神経系

 アセスメントのポイント

☑ 栄養状態、運動機能障害はどうか

☑ 胃ろう造設、気管切開などについての本人の意思確認

☑ 家族などの介護環境、社会資源はどうか

ケアプラン作成のツボ

今後の見通しと支援

ALSは、根本的な治療法はなく、進行にあわせた対症療法を行っていきます。重度の身体障害が進む一方、知能や記憶力、知覚神経、眼球運動や意識は末期まで鮮明に保たれます。QOLの向上という視点をもった援助が必要です。

日常生活の留意点

● 利用できる公的支援について、早い段階で申請できるように支援します

● 杖、手すりの設置などで移動を支援します

● 残存能力に応じたコミュニケーション手段を確保します。意思伝達装置などについては、高齢者の場合、操作に不慣れなことも多いです。使用方法などを専門家とも相談し、円滑に利用できるように支援します

● 嚥下障害の対応のため、食べやすい食形態のくふうをします

● 進行に伴い、胃ろうの設置や人工呼吸器の導入が検討されます。本人の意思をくみ取りながら、最善の選択ができるよう支援していきます

医療連携のポイント

● 進行に応じたリハビリテーションの評価

● 家族や介護職員が経管栄養や痰の吸引を行う場合の指導

使える制度 ▶▶▶ 介護保険の特定疾病　難病医療費助成制度　身体障害者手帳　障害年金　障害者総合支援法　医療保険の訪問看護適用

パーキンソン病

▌50 ～ 60 歳代で発症し、徐々に進行する神経疾患

脳でつくられるドーパミン（運動機能・感情などを調整する神経伝達物質）が変性・減少し、運動や精神の機能障害をきたす。原因は不明だが、遺伝子異常が指摘される例もある。

治療については、遺伝子治療や幹細胞移植などの可能性が模索されているが、まだ根本的な治療法は発見されておらず、薬剤による対症療法が基本となっている。薬剤の効果があるときとないときの差が著しく（ON-OFF現象）、効果がないとき（OFF）には身体が全く動かなくなるという特徴がある。

▌症状

●左右どちらかに強く出る振戦（安静時の手足の震え）　●筋の固縮（こわばり）　●動作緩慢　●歩幅が小さく、加速歩行になる　●便秘　●抑うつ　●姿勢反射障害（姿勢が崩れたときに反射的に立て直せない）

▌治療法

● **薬物療法**　ドーパミンを補ったり、代わりとなる薬物を用いる
● **リハビリテーション**　症状緩和と運動機能の保持のために行う
● **外科手術**　薬物療法の効き目が不十分な場合や、副作用などで服用困難な場合、脳の神経細胞に対して刺激を加える手術が治療法として選択されることがある
● **生活の活性化**　「楽しい」と感じることでドーパミンの分泌が増加するとされる

高齢者の場合ここに注意！！

①加齢によってパーキンソン病と同様の症状が現れることもあるため、診断には慎重を要する
②転倒によるけが、誤嚥による肺炎などに注意する

脳・神経系

アセスメントのポイント

- ☑ ADL、IADL（手段的日常生活動作）の自立の程度は？
- ☑ 一連の動作で、自助具などの使用により改善できそうなことは何か
- ☑ 服薬時間、副作用の確認、日内変動の状況はどうか

ケアプラン作成のツボ

今後の見通しと支援

発症後15〜20年の経過で次第に自立が困難となります。単調で言葉の抑揚に乏しいなどの言語障害、認知症やうつ状態などの精神症状や排尿障害などの自律神経症状が出現するため、病状の進行にあわせた対応が必要です。

日常生活の留意点

- とくに下肢の筋力や平衡機能が維持できるよう、運動療法を続けます。本人が楽しめる趣味活動などの継続も大切です
- 15〜20分程度の運動を1日2〜3回くらい行うなど1日の生活の中で「できること」を確実に実行できるよう支援します
- ON-OFF現象があるため、とくに服薬管理が重要です
- 自助具や福祉用具の活用により、整容や食事など自分でできる行動を維持・増大させます

医療連携のポイント

- 副作用が現れたときの対応
- 自己判断での減薬・中止は不可

副作用・治療の影響

ON-OFF現象、不随意運動、吐き気や食欲不振、幻覚や妄想、うつ状態などの精神症状、便秘など

使える制度 ▶▶▶ 介護保険の特定疾病　ホーン・ヤールの重症度分類3度以上、生活機能障害度2度以上の場合：難病医療費助成制度　身体障害者手帳　障害年金　ホーン・ヤールの重症度分類3度以上、生活機能障害度2度以上の場合：医療保険の訪問看護適用

大脳皮質基底核変性症

■ パーキンソン症状と大脳皮質症状が同時に現れる難病

脳神経細胞に徐々に異常なたんぱく（リン酸化タウたんぱく）が蓄積する、「タウオパチー」と呼ばれる疾患のひとつと考えられているが、似た症状を呈する疾患も多く、診断が難しい。初発症状としては、左右どちらかの腕に使いにくさを感じる、歩きにくいなどといった症状が多い。発症すると症状は徐々に進行し、5〜10年程度で寝たきりとなる。現在、根本的な治療法は発見されていない。

発生頻度は、おおむね10万人に2人程度の割合とされる。好発年齢は40〜80歳で、とくに60歳代が最多といわれている。発症の頻度に性差や遺伝的な要因はないと考えられている。

■ 症状

【パーキンソン症状】●筋肉の固縮　●振戦（安静時の手足の震え）　●姿勢反射障害（身体が倒れ始めると止まらない）　●不随意な身体のねじれや歪み（ジストニア）　●動作が緩慢になる　●歩行障害など

【大脳皮質症状】●手が思うように使えない　●眼球運動障害　●動作がぎこちない（失行）　●失語など

■ 治療法

- **投薬**　パーキンソン症状への対症療法として行う
- **リハビリテーション**　日常生活動作、歩行・移動、嚥下の訓練
- **胃ろう造設**　嚥下障害が顕著な場合に行う

高齢者の場合ここに注意！！

①嚥下障害に伴う誤嚥性肺炎や低栄養による全身衰弱などが致命的になりやすいので注意

②転倒などによる二次的な疾患を避けるよう留意する

脳・神経系

アセスメントのポイント

- ☑ 障害の部位の確認
- ☑ 転倒リスクの把握
- ☑ 失認がある場合の種類と程度、症状の確認

ケアプラン作成のツボ

今後の見通しと支援

パーキンソン病に似た症状がみられますが、一般に、進行はパーキンソン病よりも早く、寝たきりになるまで5〜10年といわれます。転倒や誤嚥を起こしやすいため、運動療法や転倒予防が重要です。

日常生活の留意点

- 症状に左右差がある場合は、どちらか強い症状が現れる側にとくに注意を払います
- 失行（麻痺などがなくても、意識的な動作や運動が行えなくなる）がある場合、細かい動作へのサポートを行います
- 半側空間無視がある場合、非無視側より話しかけるなどして、認識できるよう配慮します
- 転倒防止のための生活環境を整えます

医療連携のポイント

- 副作用の症状
- 副作用が現れたときの対応について情報共有

副作用・治療の影響

筋弛緩薬の利用では、眠気、ふらつきの副作用がある

使える制度 ▶▶▶ 介護保険の特定疾病　難病医療費助成制度　身体障害者手帳　障害年金　障害者総合支援法（補装具、日常生活用具の給付など）　医療保険の訪問看護適用

おさえておきたい！プラスα

➕ パーキンソン病の代表的な症状

パーキンソン病の4大症状

安静時振戦 (しん せん)	手足が震える
筋固縮 (こ しゅく)	筋肉がこわばる
無動・寡動 (か どう)	ひとつの動作をするのに時間がかかる
姿勢反射障害	前屈姿勢で小刻みに歩く 軽く押されただけで転倒してしまう

4大症状のほかに、自律神経症状（起立性低血圧や排尿障害など）、精神症状（うつ状態や認知症など）がみられます。

➕ "パーキンソニズム" とは…

パーキンソン症候群。錐体外路症状が出現する疾患全体を指す概念(すいたいがい ろ)で、パーキンソン病の症状と同様のため、慎重な診断が必要です。

＊錐体外路…大脳基底核を中心とする大脳皮質との神経回路。障害されると、筋の固縮が起こります。

- 振戦　●無動　●仮面様顔貌
- 動作緩慢　●筋強剛
- 小刻み歩行　●すくみ足　など

薬剤性、血管性、変性疾患により、症状をきたします。

➕ パーキンソン病の分類

パーキンソン病による障害の程度を5段階で示したものが、**ホーン・ヤールの重症度分類**です。また、**生活機能障害度**は3段階に分かれています。

ホーン・ヤールの重症度分類		生活機能障害度 （異常運動疾患調査研究班）	
1度	一側性障害で身体の片側だけの振戦、固縮を示す。軽症例	1度	日常生活、通院にほとんど介助を要さない
2度	両側性の障害で、姿勢の変化がかなり明確となり、振戦、固縮、寡動～無動とも両側にあるため日常生活がやや不便		
3度	明らかな歩行障害がみられ、方向変換の不安定など身体のバランスの障害がある。ADLの障害もかなり進み、突進現象もはっきりとみられる	2度	日常生活、通院に介助を要する
4度	起立や歩行などADLの低下が著しく、労働能力は失われる		
5度	完全な廃疾状態で、介助による車いす移動または寝たきりとなる	3度	日常生活に全面的な介助を要し、歩行、起立不能である

ホーン・ヤールの重症度分類**3度以上**、生活機能障害度**2度以上**の場合、難病医療費助成制度対象疾患として認定されます。

脊髄小脳変性症
せき ずい しょう のう へん せい しょう

さまざまな原因による小脳性の運動失調症状の総称

小脳の一部が変性することで、主に運動機能の障害が出現する。症状はゆっくりと進行するが、個人差がある。

原因は不明。原因となる遺伝子の働きが明らかになりつつあるが、必ずしも遺伝するわけではない。治療法が確立されていないため、治療は対症療法が中心となる。

症状が進むと、呼吸や血圧などを調節する自律神経機能に障害が起こることや、末梢神経障害が現れてしびれが出ることもある。重度の認知症はあまり起こらず、症状が進んでもコミュニケーションは保たれることが多い。

■ 症状

●運動失調（立ったり歩いたりするときにふらつく）　●手の震え（字が書けなくなり、細かい作業も苦手になる）　●眼振（目がちらつく、二重に見える）　●構音障害、言語障害（言葉がうまく発音できない）　●嚥下障害

■ 治療法

●**甲状腺ホルモン刺激剤**　運動失調に対して投与する

●**対症療法**　それ以外の、足が突っ張ったり、めまいがしたり、といった症状に応じた薬を用いる

●**リハビリテーション**　運動機能の低下を防止するために行う

高齢者の場合ここに注意！！

①若年発症の場合は手の震えなどが多いのに対し、高齢発症では小脳失調や末梢神経障害、筋萎縮がみられる例が多い

②転倒などによる二次的な疾患を避けるよう留意する

☑ 歩行などADL低下の程度はどうか

☑ 自律神経症状の程度はどうか

☑ コミュニケーション能力の程度確認

ケアプラン作成のツボ

今後の見通しと支援

病型により異なり、個人差もありますが、発症後平均5年で車いす、約10年で臥床（がしょう）と進行していきます。筋力を維持するため、運動療法を継続し、自律神経機能の障害などへの対症療法を行っていきます。

日常生活の留意点

- 構音障害に対しては、本人のペースにあわせて対応するなどコミュニケーション方法をくふうします
- 排尿困難が進むと、自己導尿が必要になる場合もあります
- 起立性低血圧が現れることもあり、食事の後は横になるなどの対応のくふうが必要です
- 体温の調節が難しいことがあるため、湿度は適温に調節します
- 転倒しないよう、住環境、生活環境を整えます

医療連携のポイント

- 副作用が現れたときの対応

副作用・治療の影響

セレジスト内服による、吐き気、食欲減退、下痢など

■必要な福祉用具・医療機器

歩行器、車いす、
特殊寝台、
褥瘡予防用具

使える制度 ▶▶▶ 介護保険の特定疾病　難病医療費助成制度　身体障害者手帳　障害年金　医療保険の訪問看護適用

多系統萎縮症
たけいとういしゅくしょう

さまざまな初期症状から始まる進行性、致死性の神経疾患

大脳基底核、小脳、脳や脊髄の運動神経といった部位に変性が生じ、症状を引き起こすとされる。変性が起こる原因について、一部は遺伝的要因が認められているが、明らかにされておらず、根治法も見つかっていない。50歳代で始まるのが一般的であり、男性は女性の約2倍多く発症する。

オリーブ橋小脳萎縮症、線条体黒質変性症、シャイ・ドレーガー症候群といった、従来は異なるものと考えられてきた三疾患が、多系統萎縮症の概念に含まれることが近年明らかになっている。

症状

【パーキンソン症状】●筋肉の硬直（固縮）●震え●前傾姿勢●動作緩慢・困難●言語不明瞭●声が高く震える

【小脳性運動失調】●腕と足のコントロールができず歩行困難●目の焦点を合わせたり注視したりが困難●短時間・精密な動作ができない

【自律神経障害】●起立性低血圧●めまい●失神●呼吸障害●尿意亢進（こうしん）●排尿回数増加●尿失禁●便秘●視力低下●勃起困難など

治療法

- **抗パーキンソン病薬** 初期のパーキンソン症候群の症状にある程度の有効性を示す
- **対症療法** 小脳性運動失調や自律神経障害のそれぞれの症状に対し行う
- **呼吸補助** 呼吸障害に対し気管切開を行うこともある

高齢者の場合ここに注意！！

①既に発症している人に注意するだけでなく、未発症の人についても、動作や姿勢が普段どおりか小まめに観察する

②転倒などによる二次的な疾患を避けるよう留意する

脳・神経系

アセスメントのポイント

- ☑ 病状、病型について確認
- ☑ ADL低下の程度はどうか
- ☑ 自律神経症状、小脳性運動失調、パーキンソン症状について確認

ケアプラン作成のツボ

今後の見通しと支援

自律神経症状が目立つもの（シャイ・ドレーガー症候群）、小脳性運動失調が目立つもの（オリーブ橋小脳萎縮症）、パーキンソン症状の目立つもの（線条体黒質変性症）があります。症状に応じた支援を行います。

日常生活の留意点

- 起立性低血圧を防ぐため、起き上がりや立ち上がりはゆっくりを心がけます
- 塩分と水分を多く摂るなどの生活指導をします
- 下半身への血液貯留を防ぐため、弾性ストッキングを着用します
- 室内の湿度は適切に保つようにします
- 病状にあわせた適度な運動、ストレッチを定期的に行います
- 転倒予防のための環境整備をします

医療連携のポイント

- 睡眠時無呼吸発作に注意が必要。対策や緊急時の対応について確認

■必要な福祉用具・医療機器

歩行器、杖、車いす、手すり、特殊寝台

使える制度 ▶▶▶ 介護保険の特定疾病　難病医療費助成制度　身体障害者手帳　障害年金　医療保険の訪問看護適用

アルツハイマー型認知症
（がた　にん　ち　しょう）

▌認知症では最多の病型

脳神経細胞に異常なたんぱく質が溜まり、神経細胞が破壊されて脳の萎縮が起こる疾患。記憶力、判断力など脳の機能が低下する。認知症全体のおよそ半数を占める最多の病型で、発症が65歳より前か以降かにより、早発型と晩発型に大別される。

神経伝達物質の異常、神経細胞の脱落、大脳の萎縮などが起こり、種々の症状をきたす。症状は徐々に進行していき、大きく区分すると3つの段階を経て末期に至る。年齢、遺伝のほか、高血圧や糖尿病といった生活習慣など、いくつもの要素が発症の因子として報告されており、とくに女性に多いとされる。

▌症状

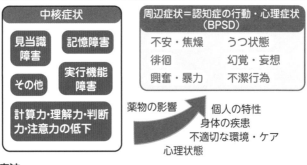

中核症状
- 見当識障害
- 記憶障害
- その他
- 実行機能障害
- 計算力・理解力・判断力・注意力の低下

周辺症状＝認知症の行動・心理症状（BPSD）
- 不安・焦燥
- うつ状態
- 徘徊
- 幻覚・妄想
- 興奮・暴力
- 不潔行為

薬物の影響
個人の特性
身体の疾患
不適切な環境・ケア
心理状態

▌治療法

- **薬物療法**　進行を遅らせ、周辺症状を緩和するアセチルコリンエステラーゼ阻害薬を投与する

高齢者の場合ここに注意！！

①病識に乏しいため、受容的な対応、不安を取り除く支援が必要
②自身の欲求に無頓着になるので、水分補給など健康の維持にも留意する

脳・神経系

アセスメントのポイント

- ☑ 認知障害がどの程度日常生活の障害になっているか
- ☑ 周辺症状が生じるきっかけや頻度、時間帯、経過は?
- ☑ 地域の医療・介護にかかわる社会資源の確認

ケアプラン作成のツボ

今後の見通しと支援

認知症は進行する疾患です。中期から末期では身体機能の低下や嚥下困難が現れ、医療との連携がより重要になります。さまざまな社会資源を活用し、周辺症状の予防や、支える家族の介護負担の軽減を支援します。

日常生活の留意点

- 本人が行いたいこと、できる作業は継続できるようにして、役割をもって毎日を過ごせるよう支援します
- 散歩を定期的に行うなど、日中の運動量を増やし、生活リズムが崩れないよう配慮します
- 確実に服薬できるようなくふうをします(⇨p.73)
- 火の不始末に対する自動消火装置など、安全を守るくふうをします

※地域包括支援センターと連携し、認知症初期集中支援チームによる周辺症状予防の家族教育・家族支援を行います

医療連携のポイント

- 服薬状況についての情報提供、相談・指導
- 生活支援(中期から末期)

副作用・治療の影響

抗精神病薬の投与中は、歩行障害、転倒、起立性低血圧、嚥下障害、構音障害、過鎮静など

■必要な福祉用具・医療機器

認知症老人徘徊感知機器など

使える制度 ▶▶▶ 介護保険の特定疾病 精神障害者保健福祉手帳 成年後見制度 日常生活自立支援事業

おさえておきたい！プラスα

➕ 認知症の日常生活自立度

認知症の重症度評価方法のひとつ。厚生労働省が提案し、要介護認定の判定資料として利用されているのが、ADL・IADLによる評価です。

ランク	判断基準	見られる症状・行動の例
I	何らかの認知症を有するが、日常生活は家庭内及び社会的にほぼ自立している	
II	日常生活に支障を来たすような症状・行動や意思疎通の困難さが多少見られても、誰かが注意していれば自立できる	
IIa	家庭外で上記IIの状態が見られる	たびたび道に迷う、買物や事務、金銭管理などそれまでできたことにミスが目立つ等
IIb	家庭内でも上記IIの状態が見られる	服薬管理ができない、電話の応対や訪問者への対応など一人で留守番ができない等
III	日常生活に支障を来たすような症状・行動や意思疎通の困難さが見られ、介護を必要とする	
IIIa	日中を中心として上記IIIの状態が見られる	着替え、食事、排便、排尿が上手にできない、時間がかかる やたらに物を口に入れる、物を拾い集める、徘徊、失禁、大声・奇声をあげる、火の不始末、不潔行為、性的異常行為等
IIIb	夜間を中心として上記IIIの状態が見られる	ランクIIIaに同じ

脳・神経系

ランク	判断基準	見られる症状・行動の例
Ⅳ	意思疎通の困難さが頻繁に見られ、常に介護を必要とする	ランクⅢに同じ
M	著しい精神症状や問題行動あるいは重篤な身体疾患が見られ、専門医療を必要とする	せん妄、妄想、興奮、自傷・他害等の精神症状や精神症状に起因する問題行動が継続する状態等

資料：厚生労働省「要介護認定 認定調査員テキスト2009改訂版」平成24年4月

➕ 認知症の"中核症状"と"周辺症状"

- **中核症状**…脳の機質的な変化による症状で、**必ず現れる**もの。認知症が進むにしたがい、そのまま重度化します。
- **周辺症状**…周囲のかかわりや介護環境に大きく影響を受けるので、**個々に異なり**、すべての場合に必ず起こるとは限りません。
  症状自体が変化します（例：不安→幻覚、抑うつ→妄想）。
  ※近年は認知症の周辺症状を BPSD（**認知症の行動と心理状態**）と表現することが多くなっています。

➕ くふうが必要…服薬管理

認知症の場合、薬の飲み忘れや飲み間違いについて、とくに注意が必要です。

「**服薬カレンダーを使う**」「**薬を一包化してもらう**」などのくふうのほか、**経口薬以外の服薬方法**について医師に相談するのもよいでしょう。

※認知症治療薬には、錠剤のほか、経皮吸収型（貼るタイプ）や内服ゼリー（食べるタイプ）などがあります。現在の形態で服薬できているかの観察、医師への情報提供も大切です。

レビー小体型認知症

繰り返される具体的な幻視が特徴の認知症

全認知症のうち20％の割合を占める。大脳皮質の神経細胞にレビー小体と呼ばれる異常なたんぱく質が出現し、症状を呈する。症状としては、記憶障害は軽度でパーキンソン症状や幻覚が目立つ。レビー小体が出現する原因は不明。

発症は男性に比較的多く、ゆるやかに進行する。症状の日内、週、月単位の変動が大きく、とくに問題なく過ごせる日や時間帯も存在する。現在のところ根治の方法はなく、個々の症状に対して薬剤が投与されるが、薬に対する過敏性が高いのが本症の特徴でもあるため、慎重な処方が求められる。

症状

【パーキンソン症状】●筋肉の固縮 ●振戦（安静時の手足の震え） ●姿勢反射障害（身体が倒れ始めると止まらない） ●不随意な身体のねじれや歪み（ジストニア） ●動作が緩慢になる ●歩行障害など

【幻覚】●体感幻覚（身体の上を芋虫が這い回っているなどの幻覚）・幻視・幻聴など

【自律神経症状】●便秘 ●倦怠感 ●起立性低血圧など

【その他】●物忘れ ●妄想 ●抑うつ症状 ●レム睡眠行動障害

治療法

● **薬物療法** パーキンソン症状、幻覚など個々の症状に対し行う 漢方薬の抑肝散が有効な場合もある

● **作業療法** 折り紙などが認知機能の維持に有効とされる

高齢者の場合ここに注意！！

①パーキンソン症状で転びやすくなるため、けがに注意する
②幻覚や妄想を頭ごなしに否定すると症状の悪化につながるため、感情的にならず受容的に対応する

脳・神経系

☑ 精神症状、自律神経症状、パーキンソン症状によるADL
　低下はどの程度か

☑ 日内変動の状況はどうか

☑ 高い転倒リスクについて、室内環境はどうか

ケアプラン作成のツボ

今後の見通しと支援

初期の段階から幻覚（とくに幻視）やうつ症状が多くみられ、症状の進行とともに、パーキンソン症状、自律神経症状、後期には嚥下障害も現れます。アルツハイマー型認知症より進行は早いといわれています。

日常生活の留意点

● 幻視に対しては、否定的なことをせずに、照明を明るくする（現れにくい）などの配慮をします

● 歩行訓練や軽い体操を取り入れるなど、規則正しい生活を心がけます

● 気分や症状の変動が大きいため、状態が悪いときには、積極的にかかわらず、見守ります

● パーキンソン症状などにより、転倒の危険性が高いです

● レム睡眠行動障害も多いため、ベッドからの転落に注意し、安眠のための睡眠環境整備が大切です

副作用・治療の影響

薬剤過敏性があり通常の服薬量でも効きすぎることがある。抗精神病薬の服用では症状の悪化に注意が必要

医療連携のポイント

● 状態の変化時、薬の変更時

使える制度 ▶▶▶ 介護保険の特定疾病　精神障害者保健福祉手帳
成年後見制度　日常生活自立支援事業

血管性認知症

治療によって認知機能の維持・改善が可能

脳梗塞や脳出血などが原因となって起こる認知症。

症例として多いのは、広範囲の大脳白質虚血（ビンスワンガー型）によるもので、アルツハイマー型認知症のように、徐々に進行する。

局所的な脳血管障害の場合には、障害の場所によって症状はさまざまであるが、「まだら認知症」と呼ばれる状態が現れることもある。脳血管障害の発作後、急性に発症したり、発作を繰り返すことで階段状に症状が悪化するのが特徴である。

症状

【大脳白質の病変】●アパシー（著しい意欲・自発性の低下）　●うつ

【大脳基底核の病変】●パーキンソン症状　●歩行スピードの低下　●バランス障害（転倒しやすくなる）　●構音障害（ろれつが回らない）●嚥下障害

【局所的な病変】●病変の場所による（手足のしびれや麻痺、記憶障害、感情失禁、排尿障害など）

治療法

- **薬物療法**　抗血小板薬、脳循環改善薬を投与する。心房細動がある場合は、抗凝固薬で心原性脳塞栓を予防する
- **生活指導**　血圧管理、廃用症候群の予防
- リハビリテーション

高齢者の場合ここに注意！！

不整脈や糖尿病など、脳梗塞を起こしやすい疾患によるリスクが高い

脳・神経系

 アセスメントのポイント

- ☑ 身体機能低下の程度はどうか
- ☑ 排尿障害、構音障害、嚥下障害など原因疾患に伴う障害の把握
- ☑ 理解力・判断力など認知の程度はどうか

ケアプラン作成のツボ

今後の見通しと支援

アルツハイマー型認知症よりも、身体機能の低下が初期から現れることが多いです。脳血管性障害の再発リスクもあり、生活指導とリハビリテーションが重要となります。

日常生活の留意点

- 脳血管障害の再発防止のため、動脈硬化や高血圧にならないよう、食事指導を行います。合併症がある場合は、治療の継続、定期受診が必要です
- 運動障害（麻痺など）の改善のため適度な運動、リハビリテーションを続けます
- もの忘れが多いなど認知機能の低下はあっても、理解力や判断力は保てていることが多いので、できることに着目し、敬意ある態度で接することが大切です
- 感情が変わりやすく、気分を表す言動が激しくなることがあるため、相手の感情に惑わされず、受容的な対応を心がけます

副作用・治療の影響

抗血小板薬服用による出血傾向。歯科治療などでは注意が必要

医療連携のポイント

- 脳血管障害の再発など増悪時の対処

使える制度 ▶▶▶ 介護保険の特定疾病　精神障害者保健福祉手帳　障害年金　成年後見制度　日常生活自立支援事業

若年性認知症

<small>じゃく ねん せい にん ち しょう</small>

18～64歳で発症する認知症

アルツハイマー、血管障害などの認知症が若年（18～64歳）で発症した場合の呼称。上記以外の原因として、前頭側頭変性症、頭部外傷、一部疾患（パーキンソン病、AIDS〔後天性免疫不全症候群〕、ピック病など）、薬物やアルコールの過剰摂取なども挙げられる。

認知症の初期症状がうつ病と似ていることもあり、早期の診断が難しい場合がある。症状は進行していくことが多く、急激に変化していくこともある。若年での発症に特有の問題として、就労（収入）や結婚生活などがある。

症状

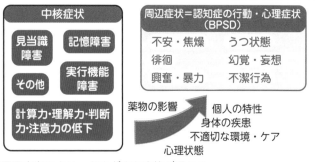

※原因疾患により、さまざまな症状が現れる。

治療法

- **薬物療法**　進行を遅らせ、周辺症状を緩和する薬を投与する
- **生活習慣の改善**　飲酒や喫煙を控え、栄養バランス、睡眠、運動などを管理することが予防となる
- **リハビリテーション**　進行を遅らせるために行われる

高齢者の場合ここに注意!!

①65歳に達したら、介護保険の特定疾病の適用外となる
②認知症の各病型のページの記述も参照のこと

脳・神経系

アセスメントのポイント

- ☑ 現在の本人の病状、能力（ADL、IADL）を確認
- ☑ 就労への意欲、勤務状況はどうか
- ☑ 家族の状況はどうか

ケアプラン作成のツボ

今後の見通しと支援

症状は高齢者の認知症と大きな違いはありませんが、働き盛りに発症するため、本人や家族の経済的問題も大きくなります。早期発見・早期治療による適切な対応、就労支援、利用できる制度についての情報提供が大切です。

日常生活の留意点

- ●原因疾患に応じた対応をしましょう
- ●仕事の継続や退職については、本人、家族、主治医、会社に配属される産業医などと相談しながら、できるかぎり就労を継続できるよう働きかけましょう
- ●現在利用できる福祉制度について、多方面から情報提供しましょう
- ●若年性認知症の家族会などを紹介し、積極的に情報交換や交流ができるよう働きかけましょう
- ●家族が病気に対する正しい知識を理解できるような情報提供も必要です

■必要な福祉用具・医療機器

杖、歩行器などの移動補助用具、認知症老人徘徊感知機器

使える制度 ▶▶▶ 介護保険の特定疾病　精神障害者保健福祉手帳　障害年金　成年後見制度　日常生活自立支援事業

てんかん

さまざまな症状を呈す慢性の脳疾患

脳の神経細胞が過剰に興奮することで何度も発作を引き起こす。症状は、身体の一部のみに起こる部分発作、意識を消失して起こす全般発作に大別される。発作は突然起こるのが特徴で、多くは短時間で治まる。発作自体が命にかかわることはまれである。

発作の原因としては、睡眠不足やストレス、疲労が挙げられる。頭部外傷や脳梗塞など基礎疾患があったり、手術の既往がある人がてんかん発作を起こすこともあるので、留意する。

発病する年齢としては3歳以下が最も多いが、60歳以上でも脳血管障害などを原因とした発病が増加する。

症状

【全般発作】●意識消失　●けいれん　●硬直　●ひきつり　●崩れるように倒れるなど

【部分発作】●意識がぼんやりする　●奇異な行動　●恐怖感　●感覚の異常（まぶしさ、異臭を感じるなど）　●鳥肌　●吐き気　●不安など

治療法

- **抗てんかん薬**　発作や年齢を考慮した薬剤を日常的に服用
- **アルコール・カフェインの摂取抑制**
- **規則正しい生活**　睡眠不足や暴飲暴食を避ける
- **食事療法**　薬の効果がないときに実施
- **外科治療**　薬の効果がなく、脳の部分切除が可能な際に実施

高齢者の場合ここに注意！！

①けいれんがなく、意識障害が出現する発作（複雑部分発作）が多く、ほかの疾患と誤診されやすい

②てんかんの背景に脳疾患や神経変性疾患がある場合がある

脳・神経系

アセスメントのポイント

- ☑ 既往歴（脳血管障害、脳腫瘍、脳外傷など）はどうか
- ☑ 発作のきっかけとなるものはあるか
- ☑ ほかの薬の服用状況、相互作用はどうか

ケアプラン作成のツボ

今後の見通しと支援

高齢者のてんかんは、脳血管障害、脳腫瘍などが原因のことも多く、合併症への対応も必要になります。薬物治療の効果は高いのですが、高齢者では薬の作用が効きすぎることもあり、注意が必要です。

日常生活の留意点

- 抗てんかん薬は、長期間服用しても治療効果は高いといわれます。医師の処方を守り、規則正しく、確実に服薬が継続できるよう支援します
- 高齢者は、薬の作用が強く出ることがあり、ほかの薬剤との相互作用も問題になります。複数の医療機関にかかっているときには、服薬状況の全体を把握しましょう
- 通所サービスでは突然の発作に備え、サービス担当者間でてんかんについての正しい情報を共有します
- 生活リズムを整え、十分な睡眠がとれるようにしましょう
- 睡眠中のけいれんでは、意識障害の有無に留意しましょう

副作用・治療の影響

薬の飲み忘れなどが、思わぬ事故につながることがあり要注意

医療連携のポイント

- 発作時の対応、薬剤の作用、相互作用についての情報を得る

使える制度 ▶▶▶ 精神障害者保健福祉手帳　障害年金

気分障害（うつ病／躁うつ病）

気分の落ち込み・高揚が特徴の精神疾患

気分が落ち込むうつ状態だけが現れる単極性障害（うつ病）と、気分が高揚する躁状態とうつ状態が交互に現れる双極性障害（躁うつ病）がある。原因は脳の神経伝達物質（セロトニンなど）の不調と考えられており、元々その人がもっている性質に、悩みやストレス、環境の変化などの外的要因が重なり発症することが多いとされる。

症状

- うつ症状
  - 【気分・意欲】悲哀感、不安、焦燥感、意欲の低下
  - 【思考・身体】思考の制止、悲観、劣等感、自殺の念慮、不眠（早期覚醒）、食欲不振、肩こり
  - 【病識・日内変動】病識あり、午前中に症状悪化
- 躁症状
  - 【気分・意欲】爽快感、怒りやすい、攻撃性、意欲の亢進、多弁・多動
  - 【思考・身体】観念奔逸、万能感、睡眠時間短縮
  - 【病識・日内変動】いずれもなし

治療法

- **薬物療法**　抗うつ薬（うつ症状）、気分安定剤（躁うつ病）の投与
- **休養**　●**精神療法**　医師やカウンセラーのカウンセリング
- **悩み・ストレスの軽減**　「頑張りましょう」などの励ましは禁忌

高齢者の場合ここに注意！！

①若年に比べると悲哀感より不眠などの身体症状が多くなる
②認知症の初期症状と似ているため、認知機能検査や画像診断（頭部CTなど）による鑑別が重要

脳・神経系

アセスメントのポイント

- ☑ 抑うつの程度、気分の日内変動はあるか
- ☑ 自殺念慮など急を要する症状はあるか
- ☑ 食欲不振、頭痛などの身体症状の程度はどうか
- ☑ ADL低下の程度はどうか

ケアプラン作成のツボ

今後の見通しと支援

高齢者では身体症状が目立ちますが、重症になると自殺念慮なども出てきます。医療と連携し、症状の軽快を目指します。根気強く、受容的な対応・かかわりを続けていくことが大切です。

日常生活の留意点

- 「うつ病」と診断された場合は、治療には薬物療法が重要です。適切に服薬が継続できるよう支援します
- 「頑張って」と励ますことはときに逆効果となります
- 本人が話すことについてはじっくりと耳を傾け、共感的な対応を心がけましょう
- 閉じこもりがちになると身体活動量が低下します。少しでも外出の動機づけになるようなものはないか探しましょう
- 「死にたい」といった自殺念慮などの危ない兆候はないかなど、日ごろから表情や言動に注意します

医療連携のポイント

- 早期からの医療介入
- 自殺念慮など症状が深刻な場合、入院治療も検討
- 抗うつ薬や抗不安薬は、効果をみて医師が投与量をコントロールするため、服薬管理が大切

使える制度 ▶▶▶ 精神障害者保健福祉手帳　障害年金

統合失調症

幻覚や妄想などの症状が特徴的な精神疾患

100人に１人弱が発症するとされる精神疾患。かつては「精神分裂病」といったが、近年改められた。遺伝的要素、神経伝達物質の不調、ストレスなど仮説はあるが、発症の原因はいまだ不明。

症状には大きく分けて陽性症状（多くは急性期に生じる）、陰性症状（消耗期に生じる）、その他の３つがあり、多彩な症状が現れるが、患者によって現れ方が異なるので注意が必要。

症状

【陽性症状】●思考の障害（話せない、妄想など）　●知覚の障害（幻聴、知覚過敏など）　●自己と他者区別の障害（他人の考えが入ってくる、自分の考えが奪われている、と感じる）など

【陰性症状】●感情の障害（感情の鈍麻、自閉的傾向）　●思考・意欲の低下

【その他】●認知機能障害（集中力、記憶力などの低下）　●感情の障害（不安・焦燥、挑戦的行動、抑うつ・躁状態）　●パニック発作など

治療法

● **薬物療法**　症状の傾向に合わせた抗精神病薬の投与が基本
● **ストレスの低減**　規則正しい生活をし、睡眠を十分にとる
● **入院加療**　薬の摂取が困難な場合は入院となる
● **作業療法**　症状が改善されれば、作業療法などを行うこともある

高齢者の場合ここに注意！！

①比較的若年で発症し、加齢に伴い症状が穏やかになることが多い。高齢になって新たに発症することはまれとされている
②一方で再発も多いため、発症経験のある人には注意が必要

84

脳・神経系

☑ 発病から現在までの病歴、生活歴を確認
☑ 服薬状況はどうか
☑ 本人の意欲はどうか。趣味、特技はあるか

ケアプラン作成のツボ

今後の見通しと支援

40歳以降の発症は少なく、多くは思春期・青年期に発症し、高齢期を迎えています。症状は寛解しても再燃することが多く、服薬の継続と生活支援が重要です。

日常生活の留意点

- その人の内的世界を理解するように努めます。批判的、敵対的な対応は避けましょう
- 症状が寛解していても、服薬を継続することが大切です。勝手な判断で服薬をやめないよう留意しましょう
- 精神活動を活性化させるよう、精神療法やリハビリテーションを行います
- 本人の趣味や生活歴を把握し、園芸や木工作業などの軽作業をケアプランに位置づけるなど、生活機能を向上できるような働きかけが重要です

医療連携のポイント

- 再発の兆候が見えたときの対処、対応
- 症状増悪時の入院治療などの判断

使える制度 ▶▶▶ 精神障害者保健福祉手帳　障害年金

アルコール依存症

▍自制のきかない飲酒行動により、生活に支障をきたす精神疾患

過度の飲酒で、アルコールによる精神的・肉体的な作用にとらわれる薬物依存症のひとつ。次第にアルコールの摂取回数と摂取量が増えていき、飲酒を中断すると離脱症状が生じるようになる。

別名「否認の病」ともいわれ、本人に病気であるという意識がなかったり、周囲の人間も性格上の問題として済ませていたりすることも多い。アルコールを摂り続けることによる合併症も問題となる。また、依存症状によって事件や事故を引き起こし、家族や周囲の人間に迷惑をかけることで、社会的な孤立にもつながる場合がある。

▍症状

- ●感情の不安定化 ●手指の震え ●不眠 ●意識障害など

【合併症】●高血圧 ●糖尿病 ●肝疾患 ●悪性腫瘍 ●精神疾患 ●ウェルニッケ・コルサコフ症候群（意識障害、記憶力障害、小脳失調、失見当識）

【離脱症状】●振戦（安静時の手足の震え） ●幻視 ●幻聴 ●せん妄

▍治療法

- ●**断酒** 離脱症状の予防薬、一時的にアルコールに弱くなる抗酒剤、飲酒欲求を抑える薬剤などの投与
- ●**対症療法** 精神症状や合併症など、現れている症状の治療
- ●**依存への心理的アプローチ** 自助グループなどへの参加

高齢者の場合ここに注意！！

①加齢によってアルコールに弱くなるため、離脱症状が長引き、身体合併症も多い。認知症の原因となることもある

②定年退職などの環境の変化で発症することも多い

脳・神経系

☑ 発症に至った生活歴、既往歴、現在の合併症の有無を確認

☑ 環境の変化はないか

☑ 本人の意欲はどうか。趣味、特技はあるか

ケアプラン作成のツボ

今後の見通しと支援

高齢者では、転倒や失禁のリスクも高まり、糖尿病、高血圧、認知症やうつ病を合併することもあります。お酒を飲まない環境を整え、自立への意欲をもって生活できるよう支援します。

日常生活の留意点

- 断酒会などの当事者組織、アルコール依存症のリハビリテーションプログラムなどに継続的に参加できるよう、ケアプランに位置づけます
- アルコール依存症からの回復は長期戦です。断酒を破ってしまっても、批判をせず、断酒への意思が再びもてるよう支援しましょう
- 本人が自己評価を高められるものをみつけましょう
- 軽い運動やレクリエーションを毎日の生活に取り入れ、リズムをもった1日をおくれるよう配慮します

医療連携のポイント

- 離脱症状について今後の方針を確認
- 身体疾患の合併症が現れた場合の対応

使える制度 ▶▶▶ 精神障害者保健福祉手帳　障害者総合支援法（自立支援医療）　断酒会や AA（アルコホーリクス・アノニマス）など自助グループへの参加

高血圧症

▌自覚症状は少ないが、心臓病のリスクは3倍に

血圧とは血流が血管壁に与える圧力のこと。高血圧は心臓が収縮して血液を送り出すときの血圧(収縮期血圧[最高血圧])が140mmHg以上、心臓が拡張して血液を取り込むときの血圧(拡張期血圧[最低血圧])が90 mmHg以上の状態が続く疾患。原因のはっきりしない本態性高血圧と、高血圧の原因になっている疾病が明らかな二次性高血圧の2つがある。日本人の高血圧は80～90%が本態性で、塩分の多い食事や飲酒、運動不足、ストレスなどが影響しているとされる。

成人の血圧値の分類と数値の目安
(診察室血圧:単位／mmHg)

分類	収縮期血圧		拡張期血圧
正常血圧	<120	かつ	<80
正常高値血圧	120～129	かつ	<80
高値血圧	130～139	かつ／または	80～89
I度高血圧	140～159	かつ／または	90～99
II度高血圧	160～179	かつ／または	100～109
III度高血圧	≧180	かつ／または	≧110
(孤立性)収縮期高血圧	≧140	かつ	<90

資料:「高血圧治療ガイドライン2019」日本高血圧学会

▌症状

● 自覚症状がほとんどない場合がある ● 頭痛 ● 肩こり ● めまい ● 耳鳴り ● 吐き気 ● 脳梗塞 ● 腎障害 ● 狭心症

▌治療法

● **薬物療法** 降圧剤を投与する
● **生活習慣の改善** 喫煙・飲酒・食塩摂取の制限、定期的な運動、体重増加の抑制

高齢者の場合ここに注意！！

血圧が高い(160mmHg／100mmHg以上が目安)または低い(収縮期血圧100mmHg以下が目安)状態が3回以上続く場合は、投薬内容などについて主治医に相談する

アセスメントのポイント

- ☑ 1日のうち血圧が上昇する時間やきっかけはあるか
- ☑ 服薬状況、ほかの薬との飲み合わせはどうか
- ☑ 食事の内容は注意しているか

ケアプラン作成のツボ

今後の見通しと支援

高血圧症を放置すると、心不全、心臓発作などの心疾患や腎不全、脳血管障害を発症するリスクが高くなります。栄養指導や生活習慣の改善が重要です。

日常生活の留意点

- 食事では、全体の摂取エネルギーを抑え、塩分を摂りすぎないようにします。魚や大豆製品などたんぱく質は十分に摂り、カリウムやマグネシウム、食物繊維も摂れるよう心がけます
- 利用者の血圧管理に関する情報は、支援チーム全体で共有しましょう
- 禁煙が必要です
- 散歩など軽い運動を日課にして、肥満を予防します
- 入浴前後、起床時、急に寒いところへ出る、ストレス、興奮、喫煙などで血圧が上がります

副作用・治療の影響
降圧剤の種類により、動悸、頭痛、ほてり感、起立性低血圧などの副作用

- 睡眠もしっかりとりましょう

医療連携のポイント

- 急激な頭痛や胸痛がある場合
- 血圧変動時には医療職に相談

■必要な福祉用具・医療機器

血圧計

おさえておきたい！プラスα

➕ 急激な温度差は高血圧の大敵

日常生活でよく出会う場面としては、起床時や入浴時があります。とくに寒い地域でなくとも、冬の夜間から**朝の冷え込み**、入浴前の**脱衣所・浴室**についてなどは、注意が必要です。

● **入浴時、温度差が生じるポイント**

・居室から脱衣所へ移動 　脱衣所に暖房を入れておく
　↓
・脱　衣
　↓
・脱衣所から浴室へ移動 　浴室はシャワーを出して温めておく
　↓
・シャワーを浴びる 　シャワーは心臓から遠い手足の先から徐々に
　↓
・浴槽に浸かる 　湯温はぬるめ（40度以下）に設定。
　　　　　　　　肩は湯から出し、長湯はしないこと

　↓
・浴槽から出る
　↓
・浴室から脱衣所へ移動 　脱衣所に暖房を入れておく
　↓
・身体を拭き、着衣
　↓
・脱衣所から居室へ移動

　　※入浴後には、十分な水分補給が大切です。しかし、極端に冷たい飲み物は、低い室温と同様、身体を冷やすので注意しましょう。
　　※温風による暖房の場合、ぬれた身体に風があたった際、体温が急に下がります。パネルヒーターなどの"輻射熱方式"が望ましいでしょう。

循環器系

➕ 降圧剤の種類

しくみの違いから、以下のような種類があります。

①アンジオテンシン変換酵素阻害薬（ACE阻害薬）
血圧を上昇させる「アンジオテンシンⅡ」を抑制して血管を広げ、さらに、血圧を低下させる物質を活性化する薬。
②アンジオテンシンⅡ受容体拮抗薬（ARB）
血圧を上昇させる「アンジオテンシンⅡ」という体内物質の受容体を遮断して、血管を拡張させることで血圧を下げる薬。
③カルシウム拮抗薬
細胞のカルシウムチャネルをふさぐことで動脈の血管壁にある平滑筋の収縮を抑え、血管を広げて血圧を下げる薬。
④利尿薬
血液中の水分が増えると、血管を流れる血液の全体量が増え、血圧が上がる。それを防ぐために、尿の出をよくする薬。
⑤ β 遮断薬
ノルアドレナリンとβ受容体との結合を妨げることによって心臓の心拍数を減らし、血圧を下げる効果が期待できる薬。
⑥ α 遮断薬
刺激されると血管を収縮させてしまうα受容体を遮断し、抹消血管を拡張させることにより血圧を下げる薬。
⑦アルドステロン拮抗薬
腎臓に働きかけて、身体の余分な水分を塩分とともに尿で排出することによって、血圧を下げる効果がある薬。
⑧レニン阻害薬
血圧の上昇にかかわる体内サイクルの起点となるレニンという酵素を抑えることで、降圧効果を発揮する薬。
⑨ ②と④の合剤
⑩ ②と③の合剤

心不全
しん ふ ぜん

▌心臓のポンプ機能の衰えによって起こるうっ血が主な原因

心不全は血液を送り出す心臓のポンプ機能が低下し、身体全体に十分な酸素が送れず、また、全身の血流が滞るために起こる疾患。心筋梗塞などから急激に症状が出る急性心不全と、心臓弁膜症や心筋症により心臓が衰え、慢性的に症状が出る慢性心不全などがある。そのほか、高血圧や動脈硬化が起因していることもある。近年は治療法が飛躍的に進歩したために、心不全をはじめとした心臓の病気を発症しても、病気をもったまま高齢期を迎える人たちが増えている。

▌症状

● 息切れ ● 動悸 ● せき ● 労作性呼吸困難 ● 腹部膨満感 ● 食欲不振 ● 強い疲労感 ● むくみ ● チアノーゼ ● 不整脈 ● 尿量減少 ● 起座呼吸

▌治療法

● **薬物療法** 利尿薬、強心薬、血管拡張薬、降圧剤などの投与
● **酸素療法** 在宅酸素療法（HOT）の実施
● **禁煙指導**
● **禁酒、飲水・塩分の制限**
※高血圧・糖尿病・不整脈などがある場合は、心不全を誘発しないよう、原因疾患の治療を行う

高齢者の場合ここに注意！！

高齢者の場合、全身のだるさや食欲低下、便秘、活動低下といった一般的な症状だけが出ることがあるので、注意を要する

循環器系

アセスメントのポイント

☑ 呼吸困難、胸痛発作はあるか
☑ 水分量、塩分量制限はあるか
☑ 現在の安静度、生活上の制限はあるか

ケアプラン作成のツボ

今後の見通しと支援

心不全の予後は、重症度により異なりますが、日常の生活管理をしっかり行い、急性増悪の兆候を見逃さないようにすることが大切です。

日常生活の留意点

- 塩分を控えた食事、禁煙を心がけ、過度の飲酒をしないようにします
- 水分制限がある場合、むやみに水分補給はしません
- 体重の増加は、心不全悪化の兆候であることも多いので、同じ時間帯に、同じ条件で、毎日体重測定をしましょう
- 血圧、脈拍も毎日測り、記録しましょう
- 休養、睡眠は十分にとります
- 心臓の負担となるため、風邪などの呼吸器感染の予防が大切です
- 心不全では、夜間に急激に増悪することがあります。あらかじめ急変時の対応についてチーム間で共有することが大切です

医療連携のポイント

症状増悪の兆候がみえたときはすぐに受診

副作用・治療の影響

水分制限や利尿薬の内服などにより、便秘ぎみとなる

使える制度 ▶▶▶ 身体障害者手帳

循環器系の病気

虚血性心疾患(心筋梗塞/狭心症)
きょけつせいしんしっかん　しんきんこうそく　きょうしんしょう

▋冠(状)動脈の狭窄や閉塞によって起こる疾患
きょうさく

心筋梗塞と狭心症を総じて「虚血性心疾患」と呼ぶ。心筋梗塞は、心臓の筋肉(心筋)に酸素や血液を供給する冠動脈が閉塞して血液が供給されなくなることで、心筋に壊死が生じる疾患。緊急に治療する必要がある。狭心症は、冠動脈が狭窄して一時的に血液が供給されにくくなる疾患。動脈硬化が原因となりやすい。労作性狭心症、不安定狭心症、異型狭心症がある。

▋症状
【心筋梗塞】 ●強い胸痛(心臓を急激に絞られるような強い痛み) ●呼吸困難　●不整脈　●吐き気
しぼ
※高齢者は胸痛を伴わないこともある(無痛性心筋梗塞)
【狭心症】 ●胸の中央部が締めつけられるような痛み(絞扼感)や圧迫感
こうやく
　●息切れ

▋治療法
【心筋梗塞】 ●再灌流療法(血栓溶解法、カテーテル治療、外科的血
さいかんりゅう
行再建術) ●経皮的冠動脈血栓溶解療法 ●経皮的冠動脈インターベンション治療など
【狭心症】 ●薬物療法　●冠動脈バイパス手術
※動脈硬化や高血圧、糖尿病、脂質異常症などの原因疾患の治療にも専念する

高齢者の場合ここに注意!!

①高齢者の虚血性心疾患は、胸痛を伴わないことが多い
②狭心症の発作時に使用するニトログリセリンなどの保管場所を確認し、周知する

アセスメントのポイント

☑ 狭心症の起こりやすい状況は？

☑ 合併症の有無を確認

☑ 治療経過、運動制限の有無、程度はどうか

ケアプラン作成のツボ

今後の見通しと支援

糖尿病などの合併症があったり、喫煙習慣があったりすると予後を悪くします。再発のリスクもあるため、生活習慣、食習慣を見直し、脂質異常症、動脈硬化を予防することが大切です。

日常生活の留意点

- 塩分や脂質、コレステロールを控えた食事とします。飲酒は適度な量におさえます
- 医師に安全に行うことのできる運動の範囲を確認したうえで、適度な運動を日常に取り入れます
- 食事、運動などの行動を立て続けに行わないようにします
- 休養と睡眠は十分にとれるよう配慮し、禁煙をすすめます
- 医師の許可なしに、再発予防などの処方薬を中断しないよう留意します
- 発作頻度が増加したり、安静時にも起こったりする場合（不安定狭心症）は、心筋梗塞へ移行する危険性があります

医療連携のポイント

- 不安定狭心症では速やかに受診する

使える制度 ▶▶▶ 身体障害者手帳

不整脈
ふ せい みゃく

治療が必要ないものから命にかかわるものまでさまざま

通常の心臓の脈動（一般的な正常脈拍数：60～80回/分）が速くなったり遅くなったりと不規則に乱れる状態。脈が飛ぶ期外収縮、脈が速くなる（100回以上/分）頻脈、脈が遅くなる（60回未満/分）徐脈がある。最も多い原因は心疾患だが、心疾患を治療するための薬の副作用で起こる場合もある。また、風邪や脱水など全身状態の悪化に伴うもの、年をとることで増えてくる不整脈もある。心臓に疾患がない健康な人でも、1日中心電図をつけていれば、たいてい何回かの不整脈がみつかるもので、このような軽い不整脈はまったく治療を必要としない。いずれにしても、その不整脈が治療を必要とするかどうかの正確な診断を仰ぐことが重要。

症状

●頻脈　●徐脈　●チクリとした胸痛　●ドクンとする強い動悸　●めまい　●けいれん　●自覚症状がほとんどない場合もある

治療法

●薬物療法
●ペースメーカーの装着
※心筋梗塞・狭心症・心不全・肥満・高血圧・糖尿病・脂質異常症・甲状腺機能障害などがある場合は、不整脈を引き起こしやすい。不整脈の治療にあわせ、これら疾患の治療も行われる

高齢者の場合ここに注意!!

心疾患の薬の副作用で不整脈が出ることもあるので、医師の指示どおりに服薬する。また、薬の内容を確かめておく

アセスメントのポイント

☑ 不整脈の自覚症状があるか

☑ 不整脈の原因が病気由来か生活習慣によるものか

☑ ペースメーカーを使用しているか

ケアプラン作成のツボ

今後の見通しと支援

不整脈は種類が多く、対応も異なります。多くは、生活習慣の改善などで治ることも多いのですが、心不全や脳梗塞を合併する不整脈には注意が必要です。生活習慣を整え、安心して生活を送れるように配慮しましょう。

日常生活の留意点

● 不整脈はストレスや睡眠不足など不規則な生活習慣でも引き起こされます。睡眠不足、過労とならないよう留意しましょう

● 適度な飲酒は、ストレス解消に有効なこともありますが、適量を心がけます

● 栄養バランスのよい食事、適度な運動、十分な睡眠など規則正しい生活を心がけます

● ペースメーカー埋め込み術をしている場合、電磁波を発する誤作動を起こす可能性のある機器の使用に注意し、チーム間でも情報を共有します

医療連携のポイント

● 不整脈の頻度が高い場合、血圧低下、意識低下などがある場合は、受診が必要

■必要な福祉用具・医療機器

24時間ホルター心電図、
ペースメーカー

使える制度 ▶▶▶ ペースメーカー埋め込みの場合：身体障害者手帳

静脈血栓症・血栓性静脈炎

深部の静脈は重症化しやすいが、血栓性静脈炎は軽症

静脈壁に損傷や炎症が起き、その部位に血栓（血液のかたまり）ができて静脈の内腔をふさいでしまう症状をいう。静脈炎には血栓を伴うことが多く、また逆に静脈血栓が静脈炎の原因になることも多いため、静脈炎と静脈血栓症を厳密に区別することは難しい。一般的に、身体の表面の静脈（表在静脈）に起こった静脈炎を血栓性静脈炎、深部の静脈（深部静脈）に起こった静脈炎を深部静脈血栓症と呼ぶ。血栓性静脈炎は軽快するのに対し、深部静脈血栓症は重症化しやすく、肺塞栓症（エコノミークラス症候群など）の原因となることがある。呼吸困難や胸痛を引き起こし、突然死につながる危険性がある。

症状

●脚の炎症　●発赤　●痛み　●むくみ　●自覚症状がほとんどない場合もある

治療法

【血栓性静脈炎】●患部に湿布をして安静にしていれば治ることがほとんど　●鎮痛剤や抗血小板薬の投与
※難治性の場合、抗血小板薬やワーファリンの投与
【深部静脈血栓症】●全身的な抗凝固療法や線溶療法
　●場合によって、下大静脈にフィルターを挿入する

高齢者の場合ここに注意!!

寝たきりの人には、予防のために脚のマッサージやストレッチを行うのが効果的

アセスメントのポイント

- ☑ 下肢の状態はどうか
- ☑ 抗凝固薬などの服薬状況はどうか
- ☑ 血栓性静脈炎を生じた要因は何か

循環器系

ケアプラン作成のツボ

今後の見通しと支援

下肢の表在静脈に血栓のできる血栓性静脈炎は、安静にしていれば炎症は数日で治まりますが、腫れと圧痛の治癒は数週間かかることもあります。炎症を速やかに解消させるとともに、予防的ケアも重要です。

日常生活の留意点

- 局部を安静にし、弾性ストッキングの着用や弾性包帯の使用で、足のうっ血を改善します
- 抗凝固薬（ワーファリン）を処方された場合は、とくに指示どおりの服用が必要です
- 下肢には色素沈着や潰瘍が生じやすいので、外傷や虫刺されのないよう注意し、スキンケアで足を保護します
- 予防のためには、長時間同じ姿勢でいることや、正座を避ける、適度な歩行などが重要です
- 下肢に急激なむくみや痛みが現れた場合には、肺塞栓の危険性が高い深部静脈血栓症を疑う必要があります

医療連携のポイント

- 圧迫療法などの療養方針の確認
- 深部静脈血栓症との鑑別、疑われるときには早期に受診

副作用・治療の影響

弾性ストッキングなどの圧迫療法は、誤った方法で行うと逆効果になる

■必要な福祉用具・医療機器

弾性ストッキング、弾性包帯など

閉塞性動脈硬化症

▌70歳以上の2割が発症する高齢者に多い血管疾患

閉塞性動脈硬化症とは、四肢（主に下肢）の動脈に動脈硬化が起こり、狭窄あるいは閉塞して循環障害を起こすために、痛みを伴う歩行障害が起こることを指す。閉塞性動脈硬化症のある人は、全身の血管にも動脈硬化をきたしている場合が多い。糖尿病・高血圧・脂質異常症・喫煙習慣などが危険因子とされ、ゆるやかに進行する。合併症を起こすことが多く、閉塞性動脈硬化症の人の約3割が冠動脈疾患を併発し、約2割の人に脳血管障害の併発が認められる。50〜60歳以降の男性が比較的発症しやすい。

▌症状

【初期】●下肢の冷感　●しびれ
【中期】●間欠性跛行（歩行を続けると下肢が痛くなり、正常に歩けなくなる。休息すると痛みがなくなるが、歩くとまた痛くなる）　●下肢動脈の拍動低下
【末期】●安静時にも痛みが出現●靴擦れなどから足に潰瘍ができ、壊死に至る場合もある

▌治療法

●**薬物療法**　血管拡張薬や抗血小板薬の投与
　・痛みが強い場合…人工血管バイパス手術や、狭くなった動脈に風船やステント付きのカテーテルを挿入してふくらませる治療を実施
　・壊死した場合…脚の切断が必要になることがある
　・動脈硬化の危険因子である、糖尿病、高血圧、脂質異常症の治療は並行して行う
　・歩くことで側副血行路が発達して血行が改善するので、脚の症状が出るまでは休みながら繰り返し歩くように心がける

循環器系

- ☑ 症状を悪化させる糖尿病、高血圧、脂質異常症などの疾患はないか
- ☑ 足の状態の観察
- ☑ 喫煙などの生活習慣、食生活、運動習慣の確認

ケアプラン作成のツボ

今後の見通しと支援

5年の経過で約20%が歩行障害の悪化、約10%が重症下肢虚血となります。ほかの冠動脈疾患や脳血管疾患を合併するリスクがあり、重症では足切断となることもあります。動脈硬化を悪化させないための生活管理が重要です。

日常生活の留意点

- 動脈硬化を悪化させない食事指導、禁煙をすすめます
- 毎日、足の状態を観察しましょう。皮膚の色や皮膚の温度、傷の有無などが観察のポイントです。深爪にならないように注意します
- 足の血行改善のため、靴下や足袋、電気毛布などで保温に努めます
- 清潔に保つため入浴ケアは大切です
- 痛みが出る前に休むなどして、適度な運動を定期的に（週3回くらい）行います
- 正座など、足に負担のかかる体勢をとらないようにします
- 血流が悪くならないよう、水分は十分に摂ります

副作用・治療の影響

ワーファリン内服時は、ビタミンKを多く含む納豆、クロレラ、青汁などの摂取を控える

使える制度 ▶▶▶ 介護保険の特定疾病　脚切断の場合：身体障害者手帳

呼吸器系の病気

気管支炎(急性／慢性)
き かん し えん　　　　きゅう せい　　 まん せい

急性はウイルス感染、慢性は長期の喫煙が最大の原因

気管支炎とは、気管支が炎症を起こし、痰や咳のある症状のことで、一般に症状が90日以内で治まる場合は急性気管支炎、症状がそれ以上、ときには数か月、数年にわたって続く場合は慢性気管支炎という。急性に起きる気管支炎の大半は、ウイルスや細菌などへの感染による。慢性気管支炎の場合は、喫煙が最大の原因であり、そのほかに大気汚染、加齢、ウイルスや細菌への感染などによっても起こる。慢性気管支炎で呼気流量の低下が起きた場合は、COPD（慢性閉塞性肺疾患）（⇨ p.104）とみなし、分けて考える。放置すると肺性心へと進行する場合があるので注意する。

症状

● 咳（夜間に多く出現）　● 痰　● 喉の痛み　● 発熱　● 疲労感　● 鼻炎

治療法

● **薬物療法**　消炎薬、抗菌薬、抗生物質、気管支拡張薬、鎮咳薬（咳が強い場合）、去痰薬（痰が絡む場合）の投与

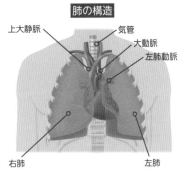

肺の構造

上大静脈　気管　大動脈　左肺動脈　右肺　左肺

高齢者の場合ここに注意！！

予防としても治療としても、禁煙が最も重要。禁煙を促す

呼吸器系

アセスメントのポイント

- ☑ 基礎疾患はないか
- ☑ 全身状態、呼吸の状態の確認
- ☑ 腎機能低下などはないか

ケアプラン作成のツボ

今後の見通しと支援

急性気管支炎の多くはウイルスや細菌への感染により起こり、一般的に予後は良好です。ただし、基礎疾患がある高齢者では、引き続き二次性の細菌感染が起こる場合があり、注意が必要です。水分、栄養補給をして体力の消耗を防ぎます。

日常生活の留意点

- 消化のよい食事で栄養補給をし、安静を保ち身体の抵抗力をつけます
- 脱水には注意が必要です。こまめに水分補給をします
- とくに冬では、室内を適切に保温し、加湿器を使用するなどして部屋の湿度を高く保ちます
- ケアの際には、マスク着用、手洗い、うがいを励行します
- 身体状況に応じて入浴は控え、清拭とします

※急性気管支炎が長期化して慢性気管支炎となることはありません。違う病態として考えましょう

医療連携のポイント

- 発熱などの症状が長引く場合は、肺炎との鑑別が必要

副作用・治療の影響

抗菌薬使用の場合、高齢者では腎機能低下などの副作用に注意

慢性閉塞性肺疾患（COPD）

▌COPD患者の90%が喫煙者

慢性閉塞性肺疾患（COPD）は、慢性気管支炎と肺気腫の総称。両者を合併した気管支喘息もCOPDに含めて扱われる。最大の原因は喫煙であり、喫煙者の15〜20%がCOPDを発症する。煙草の煙を吸入することで肺の中の気管支に炎症が起き、咳や痰が出たり、気管支の狭窄によって空気の流れが低下したりする。また、気管支が枝分かれした奥にあるぶどうの房状の小さな袋である肺胞が破壊されて肺気腫になると、酸素の取り込みや二酸化炭素を排出する機能が低下する。COPDではこれらの変化をあわせもっており、破壊された細胞組織は治療しても修復できない。喫煙のほか、ハウスダストや大気汚染なども一因とされる。

▌症状

●咳　●痰　●息切れ　●労作時呼吸困難　●重篤な呼吸障害　●喘鳴や発作性呼吸困難など、喘息のような症状を合併する場合もある

▌治療法

●**薬物療法**　気管支拡張薬や吸入ステロイド薬の投与
●**呼吸リハビリテーション**（口すぼめ呼吸や腹式呼吸などの呼吸訓練・運動療法・栄養療法など）
●**禁煙指導**
●**（低酸素血症が進行した場合）酸素療法、換気補助療法**

高齢者の場合ここに注意！！

在宅酸素療法を行う際は、近くに消火器を常備する。火気のそばで酸素吸入を行うと火事や爆発を誘発するため、酸素吸入をしながら喫煙しないように徹底する

アセスメントのポイント

☑ COPDによりどの程度ADLが低下しているか

☑ 体重、栄養状態はどうか

☑ 呼吸リハビリテーション実施による生活機能改善の見込みはどうか

呼吸器系

ケアプラン作成のツボ

今後の見通しと支援

全身性の疾患で、ほかの疾患を合併すると経過が悪くなります。禁煙、感染予防、栄養・食事指導、運動習慣などの生活指導が重要です。在宅酸素療法の実施では、医療サービスを導入し、支援を行います。

日常生活の留意点

● 治療のためには禁煙が必要です。禁煙治療には医療保険が適用されます

● 感染により重症化します。肺炎球菌ワクチン、インフルエンザワクチンの接種が有効な場合もあります

● 症状にあわせて、毎日15～30分くらいの軽い運動（ウォーキングなどの有酸素運動）を取り入れ抵抗力をつけましょう

● 呼吸リハビリテーション（口すぼめ呼吸、腹式呼吸など）を専門職と連携し取り入れましょう

医療連携のポイント

● 呼吸リハビリテーションの評価、生活機能の改善の予測

● 在宅酸素療法実施時の注意事項の共有

副作用・治療の影響

気管支拡張薬の抗コリン薬の使用では、前立腺肥大のある人は排尿困難が、緑内障の人では症状が悪化することがある

使える制度 ▶▶▶ インフルエンザワクチン、肺炎球菌ワクチン（予防接種法に基づく定期接種）　介護保険の特定疾病　身体障害者手帳　障害年金

呼吸器系の病気

喘息
ぜん　そく

▌慢性的な気管支の炎症　呼吸困難の発作で死に至る場合も

気道が炎症や狭窄を起こし、酸素が肺へ供給されにくくなる疾患で、激しい動きをしたときや就寝時、早朝に喘息発作が起きやすい。ハウスダストなどのアレルギーや大気汚染、喫煙、ストレスなどが原因とされる。症状が長引くため、長期治療を行う必要がある。気道の炎症が続くと気道壁の粘膜が過敏になり、喘息発作が起こりやすくなる。喘息発作の回数が増えると気道の狭窄が進み、さらに喘息発作が起こりやすくなる。重症の喘息発作では死に至ることもあるので、なかなかおさまらない、会話や歩行ができないなどの場合はすぐ医療機関で受診する。

▌症状

【初期】●咳　●痰　●息切れ　●疲労感
【喘息発作時】●喘鳴（息をするたびにヒューヒュー、ゼーゼーといった
　　　ぜんめい
　　音がする状態）　●呼吸困難

▌治療法

●**薬物療法**　気管支拡張剤（錠剤のほか、吸入薬や貼り薬がある）、ステロイド剤（錠剤、吸入薬）、去痰薬などの投与
　　　　　　　　　　　　　　　　　　　　　　　　　　　きょたん
※薬の吸入には、ネブライザーを使用することもある

高齢者の場合ここに注意！！

①高齢者はとくに、COPD（⇨p.104）との関連も考慮する
②喘息がある人は高血圧の治療で使うβ遮断薬は使えない。アスピリンや消炎鎮痛剤を含む湿布剤の使用で発作を起こすことがあるので、他疾患で受診する際には喘息があることを必ず伝える

呼吸器系

アセスメントのポイント

☑ 発作がもたらす日常生活の支障は何か
☑ 発作の頻度、発作の好発時間帯は？
☑ 発作のきっかけとなるものはあるか

ケアプラン作成のツボ

今後の見通しと支援

高齢者では、感染型の占める割合が大きく、若年者と比べると治りがあまりよくありません。慢性化したり、肺炎を合併するリスクもあるため、できるだけ症状を起こさないように、日常生活を管理することが大切になります。

日常生活の留意点

- 喫煙は喘息を悪化させるため、禁煙をすすめます
- ほこりをためないよう、室内を清掃し、換気をよくします
- 風邪にかかるとさらに炎症が強まるため、うがいや手洗いを励行します
- インフルエンザワクチンの予防接種が有効な場合もあります
- 症状が安定している場合は、適度な運動で体力をつけるようにします
- 発作が起こったときに、吸入薬などの対処を行っても症状が改善しない場合は、受診が必要です

医療連携のポイント

- 発作に対する対処法
- 治療方針の確認

使える制度 ▶▶▶ インフルエンザワクチン、肺炎球菌ワクチン（予防接種法に基づく定期接種）　介護保険の特定疾病（慢性閉塞性肺疾患に含む）

肺炎
はい　えん

がん、心疾患に続いて、65歳以上高齢者の死因の第3位

肺炎は、肺にウイルスや細菌が侵入して炎症を起こす疾患。マイコプラズマなど細菌による感染力のあるものや、病院内や施設内で発症する肺炎など、感染原因や発症場所によりさまざまなものがある。風邪をひいた後に発病することが多く、加齢や疲労、体力の減少などによる免疫力の低下が原因となりやすい。高齢者の場合、食べ物や唾液が誤って肺や気管に入って起こる誤嚥性肺炎（⇨p.112）も多い。

症状

●高熱　●咳　●痰　●呼吸困難　●胸痛　●倦怠感　●食欲不振　●悪寒　●筋肉痛　●関節痛　●頭痛

治療法

●**薬物療法**　抗菌薬、抗生物質、鎮咳薬、去痰薬の投与

※補助療法として、全身の栄養状態の改善や脱水への処置としての**点滴**や、痰が出にくいときの療法、低酸素血症に対する**酸素療法**などを行う。**人工呼吸管理**を必要とする場合もある

高齢者の場合ここに注意！！

①高齢者は症状が出にくい場合があるので、微熱がある、元気がない、ぼんやりとした表情など、いつもと違う様子がみられたら肺炎を疑い、すぐに医療機関を受診する

②高齢者が肺炎にかかると重篤な状態になりやすいため、ワクチンによる予防接種を検討し、さらに手洗い、うがいなどをすすめて予防に努める

呼吸器系

アセスメントのポイント

☑ 疾患がもたらすADLの支障は何か
☑ 全身状態はどうか
☑ 食事の摂取量や栄養状態はどうか

ケアプラン作成のツボ

今後の見通しと支援

肺炎は死亡原因としても多い病気です。高齢者では再発、再燃を繰り返すことが多いため、急性期治療を終えた退院後も、しっかりと生活管理を行うことが重要です。

日常生活の留意点

- 療養中は、十分な睡眠、消化のよい食事を摂り、免疫力を高めるように配慮します
- 室内は、適切な温度と湿度を保ちます。また、部屋の換気もしましょう
- 重症化予防に、インフルエンザワクチンの接種が有効な場合もあります

医療連携のポイント

- 急性増悪時の対応

使える制度 ▶▶▶ インフルエンザワクチン、肺炎球菌ワクチン（予防接種法に基づく定期接種）

間質性肺炎

▌原因がさまざまで特定できない突発性、広範囲のびまん性

肺は空気の入った小さな袋である肺胞がぶどうの房状に多数集まってできている。その袋の壁の部分を「間質」といい、肺胞の壁に炎症を起こすことを総称して「間質性肺炎」と呼ぶ。肺炎は細菌感染によるものが一般的だが、間質性肺炎の原因は石綿やアルミニウム、ペット由来の粉塵、カビやキノコの胞子など多岐にわたり、それによってさまざまな名前が付けられている。特発性間質性肺炎の「特発性」とは「原因不明」という意味。びまん性間質性肺炎の「びまん性」とは「広い範囲」という意味で、間質性肺炎が広い範囲でみられる病気の総称であり、多くの疾患がこれに含まれる。

▌症状

【初期】●咳　●息切れ　●発熱
【進行】●低酸素血症

▌治療法

- **薬物療法**　ステロイド薬、免疫抑制薬、抗生物質、抗ウイルス薬などの投与
- （酸素吸入が必要な場合）在宅酸素療法
※原因が明らかな場合は、まず原因を取り除く
※呼吸状態が悪くなく、安定している場合、原則的には無治療で様子をみることが多い

高齢者の場合ここに注意！！

①生活面では、とくに感染症に注意が必要。治療でステロイド薬の投与を受けている場合は、感染症のほか、胃潰瘍や糖尿病などの合併症の発生頻度が高くなる
②ときに明らかな誘因がなく急速に呼吸不全が進行することがあり、間質性肺炎の急性増悪と呼ばれる。致死率の高い病態

呼吸器系

アセスメントのポイント

☑ 現在の間質性肺炎の原因は何か

☑ 服薬状況はどうか

☑ 疾病や今後の治療に対する理解はどうか

ケアプラン作成のツボ

今後の見通しと支援

間質性肺炎はいくつかの病型に分かれます。特発性間質性肺炎は治療困難で予後不良です。3～5年くらいで呼吸ができなくなることがあり、進行すると在宅酸素療法の適応となります。急性増悪を起こさないようにします。

日常生活の留意点

● 風邪、インフルエンザは急性増悪のきっかけとなるため、インフルエンザワクチンの接種を検討します

● 安静にしすぎず、本人ができる活動はできるだけ本人にしてもらうようにします

● 禁煙をすすめます

● 呼吸リハビリテーションも取り入れましょう

医療連携のポイント

● 増悪時の対応について確認

● 呼吸リハビリテーションの評価

● 在宅酸素療法が適応となる場合の説明を聞いておく

副作用・治療の影響

治療薬の副作用や感染症などをきっかけに急激に症状が増悪し致命的となる場合がある

使える制度 ▶▶▶ インフルエンザワクチン（予防接種法に基づく定期接種） 原因不明の特発性間質性肺炎の場合：難病医療費助成制度

誤嚥性肺炎

高齢者の肺炎の多くは、誤嚥による肺炎

誤嚥性肺炎は、気管や肺に唾液や食べ物が誤って入り、細菌が繁殖して起こる。飲み込む力（嚥下機能）が低下した高齢者に多い。誤嚥性肺炎を予防するためには、飲み込みやすい調理のくふうや、食事の前に嚥下の状態を改善するための嚥下体操を行う。飲み込みやすくなるくふうとしては、むせやすい液体にとろみをつける、嚥下の状態に応じて食事をミキサー食やペースト状にするなど。

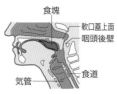

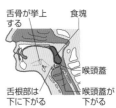

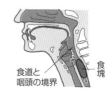

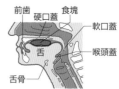

症状

● 発熱　● 咳　● 喀痰　● 胸痛　● 食欲不振
● 倦怠感　● 呼吸困難

治療法

● 薬物療法　抗生物質の投与
● 禁食　● 点滴　栄養、水分の補給
※予防や再発防止のためには、食前食後に口腔ケアを行い、口腔内の細菌を減らす

高齢者の場合ここに注意！！

①症状があまり出ないため、「いつもより元気がない」「食欲がない」
　程度の症状でも注意が必要
②寝ている間に唾液などが入りこむ「不顕性誤嚥」も多い

アセスメントのポイント

☑ 食事の摂取量と栄養状態の確認
☑ 嚥下機能と可能な食形態はどうか
☑ 今後の胃ろう造設の可能性などに関する意思確認

ケアプラン作成のツボ

今後の見通しと支援

誤嚥性肺炎は高齢者に多く、再発を繰り返しやすいです。誤嚥防止や感染リスク軽減、嚥下リハビリテーション実施など多方面からの働きかけが重要になります。誤嚥を繰り返す場合は、胃ろうなどによる経管栄養も考慮されます。

日常生活の留意点

- 誤嚥しにくい食形態（とろみをつけるなど）のくふうが必要です
- 食事の際は、可能なかぎり座位（起座位）で頭と身体をわずかに前に傾けるなど、姿勢に気をつけます。また、食事中はテレビを消すなど食事に集中できるようにします
- 口腔内の細菌を減らし清潔に保つため、毎食後の口腔ケアを行います
- 嚥下リハビリテーションにより、嚥下機能の改善を図ります
- 胃液の逆流を防ぐため、食後はできるかぎり座位を保ちます
- 痰の増加、痰の色の変化、血中酸素濃度が低いような場合は、誤嚥性肺炎発症のおそれがあり、早急に医療職への報告や受診が必要です

医療連携のポイント

- 食事形態、食事介助の注意点についての確認
- 喀痰吸引の要否について確認
- 言語聴覚士との連携による嚥下リハビリテーションの評価
- 歯科医師との連携による嚥下状態の観察と評価

肺結核

▌加齢や疾病によって免疫が低下すると暴れ出す結核

結核を発病した人のくしゃみや咳が空気や飛沫によって肺の中に侵入し、炎症を起こす疾患。潜伏期間が半年〜2年と長いため、感染に気づかない場合がほとんど。また、感染した人すべてが発症するのではなく、実際に発症するのは約1割程度。免疫力や抵抗力が低下していると発症しやすい。法定伝染病であり、免疫力の衰えた高齢者のいる施設などでは感染が拡大しやすいため注意を要する。

▌症状

●発熱　●発汗（寝汗）　●咳　●痰　●体重の減少　●倦怠感　●食欲不振

【重篤化】●喀血　●血痰　●胸痛　●呼吸困難

▌治療法

●薬物療法　抗結核薬の投与

※栄養価の高い食事と十分な静養を行い、免疫力や抵抗力を養う

高齢者の場合ここに注意！！

①高齢者は症状が乏しく、食欲不振、体重減少くらいしかないこともあるので、日ごろから注意して観察する

②症状がおさまっても、再発防止のために一定期間の服薬が必要になる。薬の飲み忘れや自己判断で服薬をやめてしまうと、薬の効かない菌（耐性菌）が残り治療が困難になるので、しっかりと服薬管理を行う

呼吸器系

アセスメントのポイント

☑ 排菌（ほかに感染させる状態）はあるか
☑ 肺結核によるADL低下はどの程度か
☑ 服薬状況はどうか

ケアプラン作成のツボ

今後の見通しと支援

排菌が認められる場合は隔離が必要となり、専門の医療機関への入院治療が必要です。高齢者では、合併症があると十分な治療ができないことも少なくありません。

日常生活の留意点

● 初期症状は、風邪と似ています。2週間以上続く咳や微熱があれば、肺結核を疑いましょう
● 薬は、医師の処方に基づき決められた用量を決められた期間、しっかりと服用できるよう支援しましょう
● 免疫力が低下しないように、バランスのよい食事と十分な睡眠、適度な運動が大切となります

医療連携のポイント

● 感染のリスク、感染予防の対応について確認
● 投薬終了後も定期的に検診

> **副作用・治療の影響**
> 薬の服用を医師の指示なくやめてはならない。結核菌が耐性菌となり完治が困難になる

使える制度 ▶▶▶ 感染症法による結核の公費負担制度

 呼吸器系の病気

肺線維症
（はい　せん　い　しょう）

▎50歳以上で発症することが多く、男性に多い

肺に線維組織が過剰に形成される病気。肺胞壁が肥厚して、ガス交換が十分に行われなくなり、呼吸機能が低下する。びまん性間質性肺炎とほぼ同意語。原因不明のものと、塵肺・膠原病・間質性肺炎・サルコイドーシスなどから進行するものがある。息切れや咳などの自覚症状が認められてからの生存期間は、個人差があるが平均3～5年。風邪やインフルエンザをきっかけとして急速に悪化することがあるので、注意が必要。

▎症状

【初期】●咳　●息切れ　●発熱　●ばち状爪
【重篤化】●肺が固くなり膨らみにくくなるため、呼吸が維持できなくなる場合もある　●低酸素血症

▎治療法

● **薬物療法**　ステロイド薬、免疫抑制薬、抗生物質、抗ウイルス薬などの投与
● （酸素吸入が必要な場合）在宅酸素療法

ばち状爪

180度
以上

肺疾患、心疾患の疑い

正常な爪

160度

高齢者の場合ここに注意！！

風邪やインフルエンザをきっかけとして急速に悪化することがあるので、注意が必要

呼吸器系

アセスメントのポイント

☑ 原因となる疾患はあるか

☑ 病状の進行の程度の確認

☑ 肺線維症によるADL低下はどの程度か

ケアプラン作成のツボ

今後の見通しと支援

原因不明の特発性肺線維症は、特発性間質性肺炎の中では頻度が高く、最も治療が難しいといわれます。慢性的に経過し、進行した状態では、在宅酸素療法が行われます。

日常生活の留意点

● 禁煙をすすめます

● 過食や体重の増加は、呼吸困難が増強する可能性があるため、適正体重を保ちます

● 免疫力が低下しないように、バランスのよい食事と十分な睡眠、適度な運動などが大切となります

● 外出時のマスク着用、手洗い・うがいの励行、インフルエンザの予防接種などで感染予防をします

副作用・治療の影響

特発性肺線維症の治療薬である抗線維化薬では、食欲不振や胃不快感、光線過敏症など

医療連携のポイント

● 今後の治療方針の確認

■必要な福祉用具・医療機器

パルスオキシメーター、酸素濃縮装置

使える制度 ▶▶▶ 特発性肺線維症の場合：難病医療費助成制度

おさえておきたい！プラスα

➕ パルスオキシメーター

パルスオキシメーターとは、指の動脈血に含まれる酸素の量（**動脈血酸素飽和度**）を、採血することなく計測できる計測機器です。

動脈血酸素飽和度は「**サチュレーション**」と呼ばれており、このサチュレーションをパルスオキシメーターで計測した場合の数値を SpO_2 と呼びます。

サチュレーションの数値が下がれば、体内に酸素がいきわたっていない状態です。標準値は96〜99％です。

SpO_2 が90％を下回っている場合（呼吸困難）や、通常より3〜4％低い場合には、速やかに医師または看護師に連絡します。

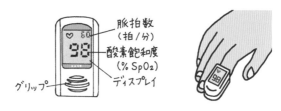

脈拍数（拍／分）
酸素飽和度（％ SpO_2）
グリップ
ディスプレイ

➕ 痰の吸引

介護職が行う痰の吸引は、①-1 **口腔内**（咽頭の手前まで）、①-2 **鼻腔内**、② **気管カニューレ内**（サイドチューブ内を含む）です。咽頭や食道、気管からの痰の吸引は介護職には認められていません。

※①…主に嚥下障害がある場合
　②…気管切開をし気管カニューレを取り付けている場合

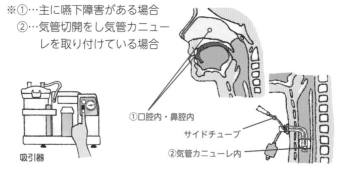

吸引器
①口腔内・鼻腔内
サイドチューブ
②気管カニューレ内

118

呼吸器系

➕酸素療法

神経疾患や重度の脳血管障害、肺疾患などにより、十分な自発呼吸ができず、**血中の酸素飽和度が低下**した場合に、濃度の高い酸素を送り込む治療法。

家庭や施設などでは、鼻腔に挿入したカニューレに、**酸素濃縮器**などを使って濃縮した酸素を送り込む**在宅酸素療法（HOT）**が行われることがあります。

酸素ボンベや**液体酸素**を使用すれば、外出など移動することも可能です。

◀鼻腔に鼻カニューレを装着

酸素濃縮器▶

➕人工呼吸器（レスピレーター）

自力での呼吸が停止、または換気が十分にできない場合には、**人工呼吸器（レスピレーター）**を装着して、機械的に酸素などを肺に送り込んで呼吸の補助を行います。

経口や経鼻で**気管内挿管**を行う場合と、**気管切開**を行って気管カニューレを装着する場合があります。

フレキシブルチューブ　コネクター　気管カニューレ

気管カニューレを装着した場合のカニューレ内の痰の吸引は、コネクター部分からとりはずして行います。

 消化器系の病気

肝炎・肝硬変

▌主にウイルス感染による肝疾患

肝臓が炎症を起こした状態を肝炎と呼ぶ。多くはウイルス感染による（A型～E型の5種類）とされるが、過度の飲酒、薬剤の服用、アレルギーや自己免疫異常なども原因となる。6か月以上続くものは「慢性肝炎」と呼ばれる。

肝炎による傷を治す線維（コラーゲン）が肝臓全体に広がり、肝臓の機能が低下して固くなった状態を「肝硬変」という。肝硬変自体を治療する薬剤はほぼなく、対症療法が主体となる。

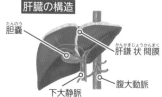

肝臓の構造

胆囊

肝鎌状間膜

腹大動脈

下大静脈

▌症状

【肝炎】●発熱 ●黄疸 ●吐き気 ●食欲不振 ●腹痛など

【肝炎重篤時】●全身倦怠感 ●意識障害 ●肝硬変・肝がん移行など

【肝硬変】●黄疸 ●腹水 ●くも状血管腫（首、胸、頰の斑点）●食道静脈瘤など

▌治療法

- **薬物療法** B型慢性肝炎：皮下注射によるPeg-IFN（ポリエチレングリコール インターフェロン）、経口投与による核酸アナログ製剤（Peg-IFN不適応例など）

  C型慢性肝炎：直接型抗ウイルス薬によるIFNフリー治療を推奨

- **腹水穿刺療法** 溜まった腹水を除去する（肝硬変）

- **食道静脈瘤硬化療法** 食道静脈瘤に硬化剤を注入して縮小する（肝硬変）

- **肝移植** 肝硬変への薬物治療が奏効しない場合に検討される

高齢者の場合ここに注意!!

①C型肝炎では病状の進行が早く、肝がんとなりやすい

②インターフェロンによる抗ウイルス療法は、高齢者では副作用が強いため注意が必要となる

消化器系

アセスメントのポイント

☑ 食事制限はあるか
☑ 治療内容について理解しているか
☑ 禁酒はできているか

ケアプラン作成のツボ

今後の見通しと支援

慢性肝炎が続くと、一部は肝硬変となり、さらに進行して肝不全となります。高齢者では肝細胞がんを合併することも少なくありません。重症化しないための生活管理が重要です。

日常生活の留意点

- 飲酒は、急性肝炎では厳禁です。喫煙も控えます
- 食事は、エネルギー量や栄養バランスに配慮します。腹水がある場合には塩分の、肝性脳症ではたんぱく質の制限があります
- 肝臓に鉄分が溜まりやすいため、慢性肝炎や肝硬変では医師の指示のもと、鉄分を控えることがあります
- 散歩、水中運動などの適度な運動を取り入れましょう(急性肝炎では安静にする)
- 肝硬変では、就寝前に軽く夜食を摂り、夜間の栄養不足を防ぎます
- 肝性脳症では、認知症のような症状や、羽ばたき振戦がみられ、最終的には昏睡状態となります。早期の受診が必要です

医療連携のポイント

- 日常生活上の制限
- 急変時の対応

副作用・治療の影響

B型肝炎のIFNの副作用として、インフルエンザ様症状が多く認められる。重篤な副作用には、抑うつ、間質性肺炎、心筋症、不整脈、脳内出血などがある

使える制度 ▶▶▶ B型・C型ウイルス肝炎治療の医療費助成制度

おさえておきたい！プラスα

✚A・B・C・E 型肝炎の特徴

肝炎は、型によって、感染経路や症状、予防法もさまざまです。

A型	急性肝炎で発症し、慢性化することなくほとんどが治癒する
感染経路	経口感染（糞便から排泄されたウイルスが人の手を介して、水や氷、野菜や果物、魚介類を経て口に入る）
症状	急な発熱、倦怠感、食欲不振、吐き気や嘔吐のほか、数日後には黄疸が出現する
潜伏期間	2〜6週
感染様式	終生免疫を獲得。急性肝炎で発症するが、慢性化することなくほとんどが治癒する
予防法	主にHAワクチンが使用される。海外では生水や生ものの摂取を避け、十分に加熱処理された飲食物を摂取する

B型		成人では、初感染で急性肝炎を発症し、ウイルスを排除して治癒することが多い
感染経路	水平感染（成人）	針刺し事故、性交渉、ピアスの穴あけや刺青などで器具を適切に消毒せず繰り返し使用した場合、注射器を共用し麻薬などを注射した場合など
	垂直感染（乳幼児）	母親が感染していると、出産のときに産道において血液を介して赤ちゃんに感染、免疫機能が未熟なため、ウイルスを排除できず無症候性キャリアとなることが多い
症状		全身倦怠感、食欲の低下、濃縮尿、発熱、黄疸など。症状の出現は感染者の約3分の1といわれ、感染者の半数以上は症状が出ないまま、自然に治癒
潜伏期間		1〜6か月
感染様式		慢性肝炎は主に無症候性キャリアから発症

消化器系

予防法	HBワクチン（日本では、母子感染防止対策事業として、妊婦に対するHBs抗原検査が実施され、健康保険によりHBs抗原陽性妊婦から出生児へ、抗HBs人免疫グロブリン投与・B型肝炎ワクチン接種を施行）

C型	ウイルス性肝炎の中で最も慢性化しやすい
感染経路	針刺し事故、刺青、ピアスの穴あけ・麻薬・覚醒剤などの注射器の使い回しの場合など
症状	発熱、全身倦怠感、食欲不振、腹痛、悪心、吐き気などC型肝炎の70～80％が慢性化し、さらに約60％が肝硬変へと伸展する。自覚症状が少なく、発見の契機の割合は13％程度で、健康診断、献血、人間ドックなどで発見される。肝硬変では腹水、むくみ、黄疸などを発症する
潜伏期間	1～3か月
感染様式	成人の初感染から容易に慢性化する
予防法	慢性化を防ぐため、直接型抗ウイルス療法を行う

E型	急性肝炎として発症・治癒し、慢性化することが少ない
感染経路	経口感染（猪、鹿、豚などの肉やレバーの生食など）
症状	発熱、全身倦怠感、食欲低下、吐き気、腹痛などの消化器症状、黄疸などを発症する
潜伏期間	2～9週
感染様式	妊娠後期の感染では、劇症化することが多い
予防法	ワクチンなし。衛生行動を改善し、衛生的な飲食物を摂取する

※D型はB型に重複感染しますが、わが国ではまれです。

逆流性食道炎（胃食道逆流症）

▌食の欧米化と高齢化によって増加する食道の炎症

胃酸や十二指腸液が食道を逆流し、その酸で食道に炎症が起こる疾患。逆流を反復することで、炎症が潰瘍や粘膜のただれに悪化していく。

原因としては、加齢による下部食道括約筋の機能低下、胃の内圧上昇（前屈姿勢、肥満、腹部の過度の締めつけ、食べすぎなどによるもの）、高たんぱく食、高脂質食、飲酒、喫煙、ストレスなどが挙げられる。薬物療法によって比較的短期間で症状は改善するが、根本的な原因をあらためなければ再発も多く、生活習慣の改善も含めた長期的な治療が必要となる。

▌症状

- 呑酸（胃酸が過剰に分泌され、口の中に逆流してくること）　●胸やけ
- 胃もたれ　●吐き気　●喉の不快感　●咳・痰　●腹部膨満感　●食べものが飲み込みにくい　●食欲不振　●上腹部痛　●胸痛　●声が枯れる

▌治療法

- **薬物療法**　胃酸の分泌を抑制する薬剤を中心に、胃酸を中和する薬剤や、粘膜を保護する薬剤も併用する
- **食事療法、飲酒・喫煙の抑制**　脂質、たんぱく質、糖分、カフェイン、香辛料、アルコールなどは避け、喫煙も控える。食事後すぐに横にならないようにする
- **睡眠時の姿勢改善**　上半身を高くし、前屈姿勢を避ける

高齢者の場合ここに注意！！

①骨粗鬆症のために後弯症（背中や腰が曲がる）になると消化管が圧迫されて逆流性食道炎となる可能性が高いとされる
②明確な症状が出ず、重症化してから発見される例もある

アセスメントのポイント

☑ 逆流性食道炎となった原因は何か

☑ 食事内容、食事のしかた、食事時間はどうか

☑ 服薬状況はどうか

ケアプラン作成のツボ

今後の見通しと支援

自覚症状がなくなっても、再発しやすいため、生活習慣と食事に気をつけ、医師の処方どおりに薬を服用することが大切です。

日常生活の留意点

- 脂肪分の多い食べもの、甘いもの、柑橘類、コーヒー、紅茶、香辛料、アルコール類、喫煙は逆流を起こしやすいため避けます
- 腹八分目におさめます。早食い、暴飲暴食は厳禁です
- 食後はすぐ横にならないようにします。夕食は就寝の2〜4時間前には摂るようにします
- ベルトでおなかを締めつける、重いものをもつ、前屈みの姿勢など、腹圧が高まるような動作や姿勢を避けます
- 寝るときに枕を高くしたり、上体を少しあげるようにします。身体を右下にする姿勢も有効です

医療連携のポイント

- 継続的な通院
- 胸やけの症状が強い場合は医師に相談

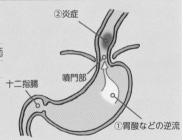

②炎症／噴門部／十二指腸／①胃酸などの逆流

消化性潰瘍（胃／十二指腸）

胃液が胃や十二指腸の粘膜を消化して生じる疾患

胃から分泌される胃液の中の胃酸が、食べものだけでなく胃や十二指腸の内側を覆っている粘膜も消化してしまい、炎症を起こす疾患で、胃潰瘍と十二指腸潰瘍をあわせて、「消化性潰瘍」という。胃酸過多、刺激物の過剰摂取、過度の喫煙や飲酒、ヘリコバクター・ピロリ菌の感染、ストレス、薬剤などが原因とされる。

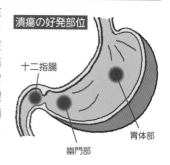

潰瘍の好発部位

十二指腸

胃体部

幽門部

症状

【共通症状】●腹部膨満感 ●胸やけ ●食欲不振 ●胃腸の出血 ●下血（コールタール様便）
【胃潰瘍】●食後の上腹部痛
【十二指腸潰瘍】●空腹時の痛み（食後は痛みが軽減する）
※自覚症状がほとんどない場合もある

治療法

● **薬物療法** 胃酸分泌抑制薬、制酸薬、健胃薬、粘膜保護薬などの投与
● **手術** 穿孔（潰瘍が進行して穴が開いていること）を起こしている場合
● **薬物療法（除菌）** ヘリコバクター・ピロリ菌に感染している場合

高齢者の場合ここに注意！！

①高齢者の場合、とくに自覚症状として現れないことが多いので、日ごろから観察する
②60歳以上では半数が再発するので、服薬管理とともに、規則正しい食事、喫煙・飲酒の管理など再発予防に努める

アセスメントのポイント

☑ 食事内容、食事のしかた、食事時間はどうか
☑ 喫煙、飲酒習慣はあるか
☑ 生活上、強いストレスはあるか

消化器系

ケアプラン作成のツボ

今後の見通しと支援

適切な治療をすれば予後は良好ですが、再発をしやすいという特徴があり、経過観察が必要です。生活習慣や食事の見直しが重要になります。

日常生活の留意点

- ストレスや過労を避け、十分な睡眠をとれるようにします
- 暴飲暴食は避け、食事は1日3回、規則正しい時間に摂ります
- 食事制限はありませんが、香辛料などの強い刺激のあるもの、脂肪分の多いものは控えて消化のよいものを摂るようにします
- 禁煙し、飲酒は適量とします
- 潰瘍からの出血は命にかかわることがあります。吐血や黒色便がみられた場合には、速やかに受診します

医療連携のポイント

- 継続的な通院による経過観察
- 服薬について医師に確認
- 緊急時に受診できる支援体制を確立

副作用・治療の影響

アスピリンなど非ステロイド性消炎鎮痛剤やステロイド薬の副作用により発症する場合がある

127

おさえておきたい！プラスα

✚経口摂取が困難な場合の栄養補給法 " 経管栄養 "

消化管は機能しているが、経口摂取が困難な場合には**経管栄養法**を用います。

●**胃ろう・腸ろう**…内視鏡手術などで胃や腸に管状の穴（**ろう孔**）を開け、チューブなどを用いて、その穴から直接胃に流動食や水分などを送り込みます。

経口摂取が困難な状態が一時的（6週間未満）な場合には、鼻腔から胃までチューブを入れる、**経鼻胃管**を採用します。

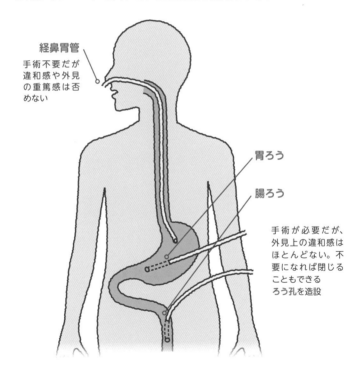

経鼻胃管
手術不要だが違和感や外見の重篤感は否めない

胃ろう

腸ろう

手術が必要だが、外見上の違和感はほとんどない。不要になれば閉じることもできるろう孔を造設

➕ 胃ろうのしくみ

ろう孔に胃ろうカテーテルを装着し、栄養を送り込みます。

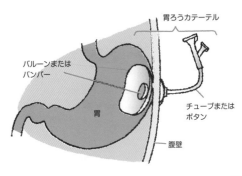

胃ろうカテーテルは、容易に抜けてしまわないように、胃内固定板（2種類）と体外固定板（2種類）で取り付けます。

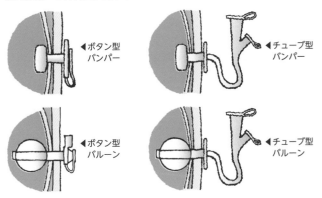

※バルーン型は1か月に1度、バンパー型は4か月に1度の頻度で胃ろうカテーテルの交換を行う必要があります（交換は看護師が行います）。

消化器系の病気

膵炎(急性／慢性)

▌男性に多い急性膵炎　女性の約2倍の発症頻度

急性膵炎とは、膵臓から分泌される消化酵素が何らかの原因で活性化し、膵臓自体を消化し炎症を起こす疾患のこと。多くは膵臓が腫れるだけですぐ回復する軽症だが、多臓器不全や合併症を起こし重症化する場合もある。原因はアルコール、胆石、原因不明の突発性など。慢性膵炎では、継続的なアルコールの多飲などにより持続性の炎症が起き、膵液をつくる組織の線維化・石灰化が生じ、膵臓の機能が低下する。原因を除去しても膵臓の機能は元には戻らない。

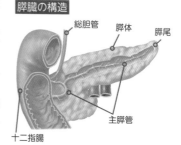

膵臓の構造

総胆管　膵体　膵尾

主膵管

十二指腸

▌症状

● 上腹部痛　● 背部痛　● 吐き気　● 嘔吐　● 腹部膨満感　● 発熱　● 食欲不振

【重症化】● 意識障害　● ショック症状（蒼白、血圧低下など）

▌治療法

● **薬物療法**　たんぱく分解酵素阻害薬、鎮痛剤、抗生物質などの投与
● **胆石除去**　胆石が原因の場合
● **絶飲絶食、輸液投与**

高齢者の場合ここに注意！！

永続的な断酒・禁煙、香辛料・炭酸・コーヒーなどの刺激物や脂肪分の多い食事、過食を避けるなどの生活習慣の改善をサポートする必要がある

アセスメントのポイント

- ☑ 糖尿病などの合併症はあるか
- ☑ 飲酒習慣、喫煙習慣はどうか
- ☑ 食事の摂取状況はどうか

消化器系

ケアプラン作成のツボ

今後の見通しと支援

膵臓の状態によって予後は変わりますが、慢性膵炎では、およそ半数が糖尿病を合併するといわれます。膵臓がんにも注意が必要です。とくに日常の生活指導と栄養管理が重要な疾患です。

日常生活の留意点

- ●禁酒が原則です
- ●喫煙も増悪の危険因子となるため、禁煙をすすめます
- ●栄養管理では、脂肪摂取の制限をします。ただし、体重減少や栄養が低下している状態では、過度な制限は行いません
- ●糖尿病を合併し栄養が不足している状態では、エネルギーの摂取制限を行わず、十分な量の食事をとったうえで、薬物療法で血糖コントロールを行います
- ●胃酸分泌を促進するカフェイン、香辛料、炭酸、喫煙を控えます
- ●過食を避けます

医療連携のポイント

- ●合併症がある場合の生活指導
- ●食事療法の方針

使える制度 ▶▶▶ 遺伝性膵炎の場合：難病医療費助成制度

胆石症・胆嚢炎
たん　せき　しょう　　たん　のう　えん

■ コレステロールが主な原因でできる胆石

胆石症は、胆嚢や胆管に結石ができる症状をいう。胆嚢炎は、胆石が原因の炎症を繰り返し、胆嚢が損傷したり、胆石が胆嚢の出口をふさぎ、胆汁の流れが滞って細菌感染を起こしたりする病気をいう。胆石症も胆嚢炎も、何らかの自覚症状があるのは胆石のある人のうち1％～3％程度といわれている。

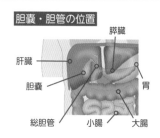

胆嚢・胆管の位置

膵臓　肝臓　胆嚢　胃　総胆管　小腸　大腸

■ 症状

【胆石症】●自覚症状がほとんどない場合もある　●疝痛発作（繰り返し起こるキリキリとした激しい痛み）●発熱　●吐き気　●倦怠感　●腹部膨満感
せんつうほっさ

【胆嚢炎】●自覚症状がほとんどない場合もある　●右上腹部痛　●嘔吐　●吐き気　●腹部不快感　●発熱

■ 治療法

【胆石症】●自覚症状がない場合…定期的な検査と経過観察　●痛みが繰り返す場合…胆石を溶かす薬の服用、胆嚢の摘出手術など　●胆石が胆管をふさいで強い症状が出る場合…内視鏡による手術

【胆嚢炎】●絶飲絶食し、輸液投与（水分・電解質・抗生物質・鎮痛剤など）　●症状により、経皮経管胆嚢ドレナージ術（胆嚢に溜まった胆汁を体外に排出する処置）、腹腔鏡手術、開腹手術による胆嚢摘出を行う

高齢者の場合ここに注意！！

高齢者の胆嚢炎では、発熱以外の症状が出ずに風邪と間違われることがある

消化器系

アセスメントのポイント

- ☑ 食事の時間、食事の摂取状況はどうか
- ☑ 自覚症状はあるか
- ☑ 疝痛発作がある場合、その頻度は？
- ☑ 通院状況など医療とのかかわりはどうか

ケアプラン作成のツボ

今後の見通しと支援

胆嚢炎では重症化すると敗血症を合併し、命にかかわることがあります。兆候を見逃さないことが大切です。日常生活の管理では、疝痛発作を起こさないための食事指導が重要です。

日常生活の留意点

- コレステロールが固まって胆石になることが多いため、脂肪分の多いものやコレステロールの多い食べ物は控えます
- 魚介類や大豆製品などを中心に、たんぱく質はある程度摂り、食物繊維を多く摂ります
- 規則正しい生活を心がけ、適度な運動をします
- 過食や過度の飲酒は厳禁です
- 疝痛発作後には、胆汁を溜めないため、何か食べるようにします
- 魚介類に豊富に含まれるタウリンの摂取により、胆石が大きくなるのを抑えることができます

医療連携のポイント

- 胆石症で自覚症状がなくても経過観察で通院が必要
- 上腹部痛、発熱、黄疸が出現した場合には命にかかわることがあるためすぐに受診する

虚血性大腸炎

▎高齢者と若年女性に多い大腸の炎症・潰瘍

大腸の動脈が何らかの原因でふさがり、血液循環が悪化して虚血状態（動脈の血が行きわたらない状態）となり、炎症・潰瘍を生じる疾患。

- 過性型…数日で治癒する。最多
- 狭窄型…腸の内部が狭くなる
- 壊死型…潰瘍によって腸に穴が空く

原因としては、動脈硬化（血管が詰まり虚血状態となる）と便秘（いきむことでぜんどう運動が亢進し、血管が引き伸ばされて虚血状態となる）の2とおりがある。かつては前者を原因とした高齢者に多い疾患とされていたが、後者の原因から便秘がちな若年の女性でもみられることがある。動脈硬化は加齢だけでなく、何らかの疾患によることもあるので、原疾患を探るとともに、動脈硬化の解消に努めることが必要となる。

▎症状

- 突然出現する激しい腹痛　● 下痢　● 下血（新鮮血）　● 悪心　● 嘔吐
- 発熱

▎治療法

- **薬物療法**　抗生物質と、腹痛に対しては鎮痛剤などを投与する
- **手術**　狭窄が強い場合、壊死型の場合は手術となる
- **安静・絶食**　症状が改善するまで安静を保つ
- **輸液**

高齢者の場合ここに注意！！

高血圧、脂質異常症、糖尿病などの既往があると起こりやすい

☑ 高血圧、糖尿病、脂質異常症、心房細動、膠原病、血管炎などの原因となる疾患があるか
☑ 排便の頻度はどうか
☑ 食事の内容、喫煙習慣はあるか

ケアプラン作成のツボ

今後の見通しと支援

虚血性大腸炎の多くは予後良好です。頻度の少ない壊死型では、重症化し、命にかかわることもあります。動脈硬化や便秘を原因として起こるため、これらを改善し、再発予防のための生活管理が重要になります。

日常生活の留意点

- 動脈硬化、高血圧、脂質異常症、糖尿病などがある場合は、その治療と改善のための生活指導を同時に行います
- 医師の指示に従い、絶食など腸管の安静を保ちます
- 症状が改善したあとも、便秘を予防するため、十分に水分と食物繊維を摂り、自然排便の習慣をつけるようにします
- 適度な運動をし、栄養バランスのとれた食事をします
- 禁煙をすすめます

医療連携のポイント

- 疾患の治療方針について確認

偽膜性大腸炎

▌主に抗生物質の服用によって発症する感染性大腸炎

大腸の粘膜に偽膜（小さい円形の膜）が現れ、腹痛や下痢をもたらす疾患。偽膜は大腸だけでなく、ときとして回腸にも現れることがある。

自然発生することもあるが、主たる原因としては、抗生物質の服用により腸内の細菌のバランスが崩れることが挙げられる。これにより、特定の菌（クロストリディウム・デフィシル）が異常増殖し、その毒素が腸粘膜の循環を障害し、偽膜を発生させる。

抗生物質の投与後2〜20日後に発症するとされ、手術後や重篤な疾患に罹患している人、高齢者など、免疫が弱まった状態で発症することが多い。また、抗生物質を用いる契機となった元々の症状に隠れてしまい、発見が遅れ重篤化する場合がある。

▌症状

【通常】●下痢　●粘液便　●下血　●腹痛　●腹部膨満感　●発熱　●脱水など

【重症時】●低たんぱく血症　●低血圧　●電解質異常

▌治療法

● **薬物療法**　バンコマイシン、メトロニダゾールなどの投与
● **絶食・輸液**　急性期に行うことがある
● **原因薬剤の使用中止**　抗生物質が原因と特定できるときは、直ちに使用を中止する

高齢者の場合ここに注意！！

腹痛などの自覚症状がない場合もあるため、注意する

アセスメントのポイント

☑ 服用している薬剤の種類は？
☑ 基礎疾患は何か
☑ 食事の内容、1日の生活のリズムはどうか

消化器系

ケアプラン作成のツボ

今後の見通しと支援

原因となる薬剤の中止や対症療法で治癒しますが、気づかずに放置すると重症化し、脱水症状や電解質異常を起こして死亡する場合があります。高齢者や腎不全などの基礎疾患をもっている人は発症しやすく注意が必要です。

日常生活の留意点

● 腹痛に対する抗生物質を使用した場合にも、発症することがあります。使用薬剤については確認が必要です
● 利用者が抗生物質を服用中または服用1～2週間後に、腹痛や水のような下痢が生じた場合には、すぐに医師に連絡する必要があります
● 十分な睡眠と栄養バランスのよい食事を心がけ、免疫力が低下しないようにします

医療連携のポイント

● 服用した医薬品の種類、服用時期、便の状態、症状、程度などを適切に情報提供

副作用・治療の影響

抗生物質以外に抗悪性腫瘍剤、免疫抑制剤でも発症することがある

消化器系の病気

大腸ポリープ

大きくなるとがん化するおそれもある大腸ポリープ

大腸の粘膜の一部がきのこ状やいぼ状に盛り上がった（隆起した）ものことで、大きさは1〜50mm程度まである。直腸とS状結腸に発生しやすく、男性の発症率が高い。大腸ポリープには腫瘍性と非腫瘍性があり、非腫瘍性の中には過誤腫性、炎症性、過形成性があり、いずれも良性でがんとは無関係。腫瘍性は大部分は良性で「腺腫」と呼ばれるが、進行すると一部がん化する。日本では大腸ポリープも大腸がんも増加している。小さなポリープはほとんど症状として現れないが、ポリープが大きくなると血便が起こる。

症状

● 自覚症状がほとんどない場合もある　● 便潜血　● 鮮血便　● 大きなポリープでは腸重積を起こしたり肛門外に出てしまったりすることもある

治療法

● **手術**　有茎性腺腫（粘膜面から茎を持って発育している形態）には、内視鏡的ポリペクトミー（ポリープ切除術）、無茎性なら内視鏡的粘膜切除術（EMR）で検査と治療を兼ねる

※大きな無茎隆起の場合は、EMRや腹腔鏡を用いた手術を行う

※5mm以下のポリープ…がん化リスクが低いため、ホットバイオプシー（焼灼切除し、生検を行う）を行う

※非腫瘍性の小さなポリープ…基本的に治療しない

高齢者の場合ここに注意！！

高齢者に多いのは、非腫瘍性の過形成性ポリープである

アセスメントのポイント

☑ 合併症の有無を確認
☑ 食事の内容はどうか
☑ 手術後の服薬状況はどうか

消化器系

ケアプラン作成のツボ

今後の見通しと支援

大腸ポリープの大部分は良性で、手術後の予後は良好ですが、何年も放置しておくと少しずつ大きくなり、がん化することがあります。予防のためにも、生活習慣の改善が大切です。

日常生活の留意点

- 大腸ポリープ切除後1週間程度は、医師の指示に従い食事の量を減らし、アルコールや脂っこいもの、刺激の強い食品を避ける必要があります
- 切除後2〜3日は長時間の入浴は控えます
- 予防のためには、緑黄色野菜、豆、穀物、海藻など、食物繊維を多く含む食品を摂り、脂肪分の多いものは避けます
- 便秘とならないよう、食物繊維の多い食事、適度な運動をして、排便習慣をつけるようにします

医療連携のポイント

- がんの早期発見のため、切除後も、定期的に通院・検査

副作用・治療の影響

原則として切除後1週間は、抗血小板薬、抗凝固薬（バファリン、アスピリン、ワーファリンなど）の服薬を中止する

腸閉塞（イレウス）

嘔吐を伴う腹痛が現れる、最も代表的で一般的な病気

腸閉塞とは、食べ物や消化液などの内容物の通過が完全にふさがれているか、深刻な通過障害を起こしている症状をいう。腸が詰まったために、おなかが張って痛くなり、肛門の方向へ進めなくなった内容物が口のほうへ逆流してくるため、吐き気や嘔吐をもよおす。成人の場合、以前受けた腹部の開腹手術による腸と腹壁、腸同士の癒着や、癒着した部位でほかの腸が圧迫される、くぼみに腸がはまり込む、腸が自然にねじれて詰まる（腸捻転）などが原因となることが多い。また、大腸がんによる閉塞や、便秘気味の高齢者などでは、硬い便自体が腸閉塞の原因となることもある。

症状

●疝痛発作（繰り返し起こるキリキリとした激しい痛み）　●吐き気　●嘔吐　●便・ガスが出ない　●腹部膨満感

治療法

● **絶飲絶食、点滴**　脱水状態や栄養状態、電解質異常の改善のため
● **内容物の排出**　鼻からイレウス管や胃管を挿入し、腸管の内容物を排出し、減圧する
● **手術**　絞扼性腸閉塞、腸閉塞を何度も繰り返す場合

高齢者の場合ここに注意！！

再発しやすい疾患なので、再発防止に努める。脂肪分の多い食事、冷たいもの、刺激の強いものを避け、禁酒禁煙、睡眠不足を避ける、適度な運動、便秘にならないための排便コントロールを行う

消化器系

アセスメントのポイント

☑ 既往歴（過去の開腹手術）はあるか
☑ 腸管運動が低下しやすい原疾患について確認
☑ 服用している薬剤の種類、内容の確認

ケアプラン作成のツボ

今後の見通しと支援

高齢者では、便秘によるイレウスもめずらしくありません。自然治癒はないので、病院で治療をし、退院後も生活習慣を整えます。再発しやすいため、予防的な対処も必要です。

日常生活の留意点

● 過去に開腹手術の経験がある場合、引き起こしやすいともいわれます。激しい腹痛、嘔吐を繰り返すときはイレウスを疑いましょう
● 高齢者では、便秘により引き起こされることがあり、十分な水分摂取、繊維質の多い食事を心がけ、排便習慣を整えます
● 抗コリン作用をもつ抗精神病薬などの薬剤服用によって、麻痺性イレウスが引き起こされる場合があります。排便、排ガスの減少、腹部膨満感、吐き気、嘔吐が持続的にみられる場合は、早期に受診につなげましょう

医療連携のポイント

● 抗精神病薬、頻尿・尿失禁治療薬、鎮痙薬など麻痺性イレウスを引き起こす可能性のある薬剤の確認

ヘルニア（鼠径ヘルニア）

■ほうっておくと徐々に不快感が増す、脚の付け根の腫れ

ヘルニアとは、身体の組織が本来あるべき部位からはみ出した状態をいう。鼠径ヘルニアは、本来おなかの中にあるはずの腹膜や腸の一部が脚の付け根にある筋膜の間から皮膚の下に出てくる疾患のことで、一般的には「脱腸」と呼ばれている。初期の症状は、腹圧をかけたり、立ち上がったりしたときに脚の付け根がふくらむ。嵌頓（元に戻らないこと）した場合は急いで手術をしないと命にかかわる場合がある。乳幼児はほとんどが先天的なものだが、40歳以上の発症では引っ越しや工場で重いものを運搬したり立ち仕事だったりと、職業によるところが大きい。便秘症の人、肥満の人、前立腺肥大症の人、咳をよくする人、妊婦も注意する必要がある。

■症状

【初期】●脚の付け根・下腹部の柔らかい腫れ（押すと引っ込む）

【中期】●脚の付け根・下腹部の不快感・違和感　●痛み

【重度】●脚の付け根・下腹部の硬い腫れ（押しても引っ込まない）　●腹痛　●吐き気　●嘔吐

■治療法

●**手術**　メッシュなどの人工物を体内に入れる、または自分の身体の組織を使って穴をふさぐ

※高齢者の場合は腹壁がもろいので手術せず、経過観察となることがある

高齢者の場合ここに注意！！

①ヘルニアは自然に治癒することはないので早めに治療を促す

②高齢者では、手術後の予後がよくないことがあり経過観察をする

アセスメントのポイント

☑ 手術前と比べて ADL の程度はどうか
☑ 排便習慣、排便回数はどうか
☑ 発症の原因となるような原疾患について確認

消化器系

ケアプラン作成のツボ

今後の見通しと支援

鼠径ヘルニアは、手術により完治しますが、手術方法によっては、再発することもあります。肥満などの発症の引き金となるものを取り除き、生活習慣を整えます。

日常生活の留意点

● 前立腺肥大症など発症の原因となりそうな疾患は治療することが大切です
● 一般的に散歩などの軽い運動は、手術翌日から行うことができるので、習慣づけます
● 減量や禁煙をすすめます
● 重たいものをもつなど、腹圧を高めるような動作には注意します
● 食物繊維の多い食事などで、便秘の解消に努めます
● 適度な運動を生活の中に取り入れます
● 過度の筋肉トレーニングは逆効果となることがあり、医師との相談が必要です

医療連携のポイント

● 原疾患の治療方針や留意点について相談・確認をします

143

腎不全(急性／慢性)

▌成人の8人に1人が罹患している国民病

腎臓の機能が極端に低下し、さまざまな症状が出現する状態をいう。何らかの疾患によって急激に症状の出る急性腎不全と、加齢や慢性的な疾患（多くは糖尿病）による慢性腎不全に大別される。

前者では回復が見込める場合もあるが、基本的に完治の方法はなく、重度になれば人工透析を行う必要がある。慢性腎不全は初期症状がはっきりと自覚されないことも多いため、定期健診による発見や、予防が重要となる。

▌症状

【急性腎不全】●むくみ　●乏尿・無尿　●高血圧　●食欲不振　●意欲の低下・倦怠感　●意識障害など

【慢性腎不全】●むくみ　●夜間多尿　●疲労感・脱力感　●高血圧　●筋力の低下　●あざができやすい・骨折しやすい　●自覚症状がほとんどない場合もある

▌治療法

- **原因疾患の治療**　急性腎不全の場合、原因疾患の治療が必要
- **薬物療法**　降圧剤、利尿薬などの投与
- **人工透析**　慢性腎不全が進行している場合に行う。急性腎不全でも一時的に行うことがある
- **食事療法**　カロリーを十分に摂り、塩分、たんぱく質、カリウム、リンなどを制限する。水分摂取は、急性期（乏尿期・利尿薬）と慢性期とでは制限が異なる

高齢者の場合ここに注意!!

①加齢によって腎機能は低下し、脱水や風邪などのささいなきっかけで急性腎不全を起こすことがある

②食事制限が厳格すぎると、栄養状態が悪化する場合もある

腎・泌尿器系

アセスメントのポイント

☑ 日常生活への支障はどの程度か

☑ 服用している薬の確認

☑ 服薬管理、血圧管理はどのように実施しているか

ケアプラン作成のツボ

今後の見通しと支援

急性腎不全では、治療により腎機能の回復が望めますが、慢性腎不全では、腎機能の完全な回復は望めません。規則正しい生活、減塩・たんぱく質制限などの食事管理、血圧管理などで腎不全の進行を抑えます。

日常生活の留意点

- 腎臓の機能が安定している場合は、過度に安静にせず、適度な運動を行います
- 禁煙をすすめます。飲酒は適量とします
- 食事は、高カロリー食とし、進行の程度により塩分、たんぱく質、カリウム（果物、生野菜、海草類）の制限をします
- 減量し、コレステロールや中性脂肪を基準値におさめます
- 血圧が高くなるので、降圧剤の服薬管理、血圧管理をします
- むくみや体重増加、1日の尿量低下がないか注意します
- 慢性腎不全は長期化します。抑うつ状態への対応が重要です

医療連携のポイント

- 食事制限や運動についての医師の指示を確認

副作用・治療の影響

強力な鎮痛解熱剤は、腎臓を悪化させる危険性が強い

使える制度 ▶▶▶ 人工透析の場合：特定疾病療養受領証（医療費助成）、身体障害者手帳、障害年金、障害者総合支援法（自立支援医療、日常生活用具）

慢性糸球体腎炎

腎臓病で最も多い疾患群

腎臓にある糸球体が炎症を起こし、たんぱく尿や血尿などの症状が1年以上にわたって続くもので、腎臓病の中でも大きな比率を占める。単一の疾患を指すものではなく、IgA腎症（最多）をはじめとする計7つの病型があるとされ、いずれも原因は不明だが、免疫反応の異常によるものが多いと考えられている。それ以外にも、糖尿病性腎症など別の疾患に続発することもある。

初期は目立った症状がなく、多くは急性糸球体腎炎などの急性期疾患が慢性化するか、健康診断などで尿に異常が見つかるといった経緯で診断される。病勢の進行は病型によってさまざまだが、発症後20年以内には人工透析が必要になるとされる。

正常な糸球体	糸球体腎炎
血液をろ過し、不要なものは尿として排出する	血液がろ過されず、必要なものを排出したり、不要なものが残ったりする

症状

●むくみ　●たんぱく尿　●高血圧　●血尿　●めまい　●肩こりなど

治療法

- **薬物療法**　病型に応じて利尿薬、降圧剤などを投与
- **食事療法**　減塩、低たんぱく質食など
- **透析療法**　腎不全まで症状が進んだ際に行う

高齢者の場合ここに注意！！

①食事療法のカロリー計算の際には加齢を考え合わせた調整が必要となる

②血尿をみたときは、同時に腎臓や尿路の悪性腫瘍も疑う

アセスメントのポイント

☑ 日常生活の支障はどの程度か

☑ 疾病に対する本人の理解はどうか

☑ 食事の内容や食事摂取状況はどうか

腎・泌尿器系

ケアプラン作成のツボ

今後の見通しと支援

根本的な治療方法がないため、症状を軽減し、進行を遅らせるための食事療法や運動療法が重要になります。症状が安定していても、突然悪化することがあり、定期的な受診が必要です。

日常生活の留意点

- 過度に安静にせず、通常どおりの生活を続けるようにします
- 室内の温度を調節し、とくに冬には冷えすぎないように保温します
- 腎機能が正常であれば、食事では塩分制限が中心となります
- 禁煙をすすめます。飲酒は適量とします
- 風邪などの感染を契機として腎炎が悪化したり、ネフローゼ症候群が再発したりすることがあるため、感染予防が重要です
- 十分な睡眠をとれるよう配慮します

副作用・治療の影響

ネフローゼ症候群を伴う慢性糸球体腎炎で使用する副腎皮質ステロイドホルモン剤では、満月様顔貌、にきびなどの副作用がある

医療連携のポイント

- 定期的な通院
- 食事療法について確認

使える制度 ▶▶▶ IgA腎症の場合：難病医療費助成制度

腎臓病（慢性）

徐々に進行し、悪化するまで自覚症状に乏しい腎疾患

食生活上の負担や疾患により、腎臓の構成組織である糸球体や尿細管の機能が低下し発症する。腎臓病とは総称であり、実際にはいくつもの個別の疾患が存在する。急性と慢性で区分できるが、ゆっくりと進行する慢性のほうが総じて回復しにくいとされる。

慢性の腎臓病の例としては、慢性糸球体腎炎、糖尿病性腎症、多発性囊胞腎などが挙げられる。近年ではこれらを包括した「慢性腎臓病（CKD）」という概念も提唱されている。これらの疾患では初期症状はほとんどみられず、把握されないうちに進行して腎不全に至るケースもある。

症状

【慢性糸球体腎炎】●むくみ　●たんぱく尿　●高血圧　●血尿　●めまい　●肩こりなど

【糖尿病性腎症】●むくみ　●たんぱく尿　●息切れ　●食欲不振など

【多発性囊胞腎】●運動後の血尿　●腹痛・腰背部痛　●腹部が張る　●食欲不振　●高血圧など

治療法

- **薬物療法**　疾患に応じて利尿薬、降圧剤、抗生物質などを投与
- **食事療法**　減塩、低カロリー、低たんぱく質食など
- **運動療法**　糖尿病性腎症の血糖コントロールとして行う
- **透析療法**　●**腎移植**　腎不全まで症状が進んだ際に行う

高齢者の場合ここに注意！！

①加齢によっても腎機能は低下していくため、多くの高齢者が潜在的な患者だといえる

②透析を行う際には、年齢的な事情を含め、よく検討する必要がある

アセスメントのポイント

- ☑ 日常生活への支障はどの程度か
- ☑ 糖尿病などの基礎疾患はあるか
- ☑ 食事の内容や食事摂取状況はどうか

腎・泌尿器系

ケアプラン作成のツボ

今後の見通しと支援

慢性腎臓病は、生活習慣病と関連が深い病気です。罹患していると、狭心症や脳血管障害、心筋梗塞などの発症率が高くなるため、治療と生活習慣の改善により、心血管障害などの合併を防ぎます。

日常生活の留意点

- 腎機能の低下の程度に応じて、塩分、たんぱく質を制限し、むくみがある場合は水分を制限します
- 喫煙は慢性腎臓病の進行を早めるため、禁煙をすすめます
- 飲酒は適量とします
- 高血圧や糖尿病などの疾患がある場合は、並行してこれらの治療もすすめます
- 適度な運動を定期的に行います
- 規則的な生活を送り、睡眠は十分にとります

医療連携のポイント

- 高血圧、糖尿病、脂質異常症などの生活習慣病がある場合は並行してこれらの治療を行う

使える制度 ▶▶▶ 多発性嚢胞腎の場合：難病医療費助成制度

おさえておきたい！プラスα

➕人工透析（透析療法）とは

腎不全のため、体内の老廃物の排出ができなくなった場合に行うのが**透析療法**です。

腎機能が正常の50％程度になると、自覚症状はないが腎臓の予備力が低下している状態で、**10～30％で腎不全**、10％以下では尿毒症と判断され、**人工透析**や**腎移植**の対象とされます。

➕人工透析の種類

● 血液透析

血液を体外に導き出す**シャント**に針を刺し、体内の血液を**透析膜**（ダイアライザー）に通して老廃物や過剰な水分を除去し、きれいになった血液を体内に戻します。

透析後は、頭痛や嘔吐などの不均衡症候群の症状がみられることが多いため、介護者は利用者の状態をよく観察することが必要です。

週に2～3回行います。

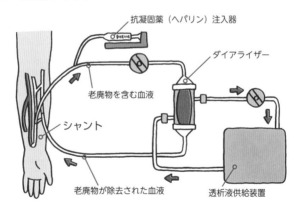

抗凝固薬（ヘパリン）注入器

ダイアライザー

老廃物を含む血液

シャント

老廃物が除去された血液

透析液供給装置

●**腹膜透析（腹膜灌流）**

腹膜を透析膜として透析を行う方法です。腹部から腹腔内にカテーテルを挿入して透析液を注入し、一定時間後、血液から透析液ににじみ出た老廃物などを体外に排出します。

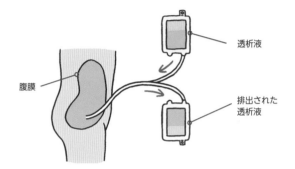

透析液

腹膜

排出された
透析液

在宅で処置できるため、通院は月１～２回程度ですみます。また、心臓への負担が少なく、血液透析に比べて食事や水分制限が厳しくないのがメリットです。しかし、腹膜の働きは悪くなっていくため、長期間行うことは難しく、カテーテルからの感染のリスクもあります。

水分バランスや体重、炎症の可能性を定期的にチェックし、腹膜炎や内分泌代謝異常に注意する必要があります。

腎・泌尿器系

膀胱炎
ぼう こう えん

若年女性に多くみられる膀胱の炎症

膀胱内で炎症が起こる疾患。多くは大腸菌などの細菌感染による急性膀胱炎で、慢性化した慢性膀胱炎と区別される。男性に比較して尿道が狭く括約筋が弱いため、主として女性にみられる。男性にみられた場合は、背後に前立腺肥大症などほかの疾患があることが考えられる。

細菌感染によらない膀胱炎は「間質性膀胱炎」という。急性膀胱炎とほぼ同様の症状を示すが、原因は不明。急性膀胱炎が排尿の終わり際に痛みを感じるのに対し、間質性膀胱炎には尿が溜まると痛み、排尿すると痛みが軽くなるという特徴がある。間質性膀胱炎に対しては有効な治療法も確立されておらず、主に対症療法が行われている。

症状

● 頻尿　● 排尿時の痛み　● 血尿　● 尿の混濁　● 残尿感など

治療法

● **薬物療法**　主に抗菌薬を投与
● **水分摂取**　症状が軽い場合、尿量が増えることで自然に治癒することもある
● **外陰部の清潔保持**　清潔に保つと同時に、冷やさないようにする
● **生活環境の改善**　ストレスや過労、睡眠不足は免疫や抵抗力の低下につながるため、注意が必要

高齢者の場合ここに注意！！

①加齢により尿を出す力が衰え、尿が十分に排出されず細菌が繁殖することが発症の誘因となる
②軽度の場合、自覚症状がないこともある

アセスメントのポイント

☑ 睡眠不足、ストレスなど発症の要因となるものはあるか
☑ 1日の排尿回数、排尿間隔はどうか
☑ 1日の水分摂取量はどうか

腎・泌尿器系

ケアプラン作成のツボ

今後の見通しと支援

高齢者では、はっきりとした自覚症状がなく見過ごしてしまうこともありますが、放置していると腎盂炎（じんうえん）などを引き起こすことがあり、注意が必要です。再発しやすいため、清潔に留意し、身体の抵抗力をつけられるよう支援します。

日常生活の留意点

● 排尿を我慢しないよう、適宜声かけをします
● おむつやリハビリパンツをしている場合は、細菌が増えやすくなるため、定期的に交換して清潔に保ちます
● 水分、お茶は十分に摂れるよう留意します。排尿により細菌を排泄することができます
● 身体の抵抗力が落ちないよう、十分な睡眠、栄養を摂ります

副作用・治療の影響
抗菌薬は自覚症状がなくなっても自己判断で服薬をやめない

排尿のしくみ

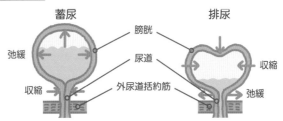

蓄尿　　　　　　　　　　　　排尿

膀胱
尿道
弛緩　　　　　　　　　　　　　　　収縮
収縮　　　　　　　　　　　　　　　弛緩
外尿道括約筋

神経因性膀胱

神経の不調で蓄尿・排尿に不具合をきたす状態

膀胱・尿路を制御する大脳、脊髄、末梢神経の経路のいずれかに障害が起こる疾患。その結果、尿意がありながら尿が出なかったり、排尿を我慢できずに失禁してしまったりと、蓄尿と排尿が困難になる。膀胱炎、腎機能低下などの合併症を起こすこともある。

主な原因としては、脳血管障害、認知症、パーキンソン病、頭部外傷、多発性硬化症、脊髄小脳変性症、脊髄損傷、糖尿病性神経症、腰椎椎間板ヘルニアなどが挙げられる。子宮がんや直腸がんなどに対して行う骨盤腔内手術も原因となることがある。

症状

● 頻尿　● 尿失禁　● 排尿困難（排尿しにくい）　● 尿閉（尿が膀胱に溜まっているにもかかわらず、排尿できない）

治療法

● **薬物療法**　症状を起こしている元の疾患により薬剤は異なるものの、投薬による治療が基本となる。蓄尿機能障害（尿失禁や尿意の切迫感が強い）の場合は排尿筋の収縮に対して抑制作用のある薬剤、排尿障害があり残尿が多い場合には排尿を促進する薬剤などが選択される

● **排尿訓練**　排尿障害があり残尿が多い場合には、手で圧迫して排尿するためのトレーニングなども行われる

● **手術**　人工尿道括約筋を挿入する手術を行う場合もある

高齢者の場合ここに注意！！

①機能性尿失禁、膀胱・尿道の異常による失禁の可能性もあるので注意が必要

②軽症例では原因不明なことも多い

アセスメントのポイント

☑ 原因となっている疾患は何か、薬の服用状況

☑ 1日の排尿回数、排尿間隔、排尿環境はどうか

☑ 感染症や前立腺肥大症の合併はないか

腎・泌尿器系

ケアプラン作成のツボ

今後の見通しと支援

神経因性膀胱を放置しておくと、膀胱炎などの尿路感染症や腎臓の機能障害を引き起こします。排尿機能の評価を行い、最小限の介助で、自力で排尿を行うことを目指します。

日常生活の留意点

● 排尿日誌をつけるなど排尿回数の確認を行い、排尿誘導を行います

● 水分はしっかり摂るようにします

● 医療との連携で排尿リハビリテーションを実施します

● 生活が不活発にならないよう、早期からの離床を心がけます

● 自己導尿や膀胱留置カテーテルを行う場合は、感染症を防ぐために清潔操作が重要となります

医療連携のポイント

● 排尿リハビリテーションの評価

● 自己導尿などの実施についての情報を得る

副作用・治療の影響

抗コリン薬の使用では、口渇、便秘、吐き気などが現れる場合がある。緑内障の人では症状が悪化することがある

■必要な福祉用具・医療機器

間欠自己導尿、
膀胱留置カテーテル

過活動膀胱
（か　かつ　どう　ぼう　こう）

加齢に伴い増加してくる泌尿器疾患

急に強い尿意が起こり、頻尿・夜間頻尿を伴う症状をいう。切迫性尿失禁（尿意を感じトイレに行こうとしても間に合わない）を伴うことも多い。50歳以上の男女に多く、脳・脊髄・神経の疾患（脳内出血、脳梗塞、パーキンソン病、脊柱管狭窄症など）によって排尿筋が過剰に収縮することで引き起こされることが多いが、原因が不明な場合もある。また女性では骨盤底筋が弱まることが、男性では前立腺肥大症などの前立腺疾患が、それぞれ原因となることもある。治療は主に薬物療法（抗コリン薬）が行われるが、抗コリン薬には口渇、便秘などの副作用があるため、とくに高齢者に投与する場合は慎重さが求められる。

症状

● 尿意切迫感　● 頻尿　● 切迫性尿失禁（すべての患者で認められるわけではない）

治療法

● **薬物療法**　抗コリン薬が多く用いられる
● **飲水制限**　水分摂取の制限、カフェインの摂取を避ける
● **膀胱再訓練**　排尿間隔を徐々に延長し、膀胱容量を増大させる
● **骨盤底筋体操**　膀胱と骨盤底筋を鍛え、失禁の防止を目指す
● **電気刺激治療**　電気・磁気で骨盤底筋や神経の働きを調整

高齢者の場合ここに注意!!

①前立腺肥大症による場合、抗コリン薬が尿閉を促す場合がある
②排尿筋の活動低下による発症例では、抗コリン薬の投与だけでは頻尿の改善が得られないこともある

アセスメントのポイント

☑ 1日の排尿回数、排尿間隔、排尿環境はどうか
☑ 過活動膀胱による日常生活の支障は何か
☑ 夜間の頻尿はあるか

ケアプラン作成のツボ

今後の見通しと支援

薬物治療で改善しますが、高齢者では膀胱の加齢変化もあり、治りにくいことがあります。日常のトレーニングも取り入れ、症状を改善していくことが目標です。

日常生活の留意点

- 夜間頻尿では、日中に水分を摂り、就寝前の水分補給は控えるようにしましょう
- 排尿日誌などの記録をつけると、受診時に医師の診療に役立ちます
- 尿意を感じたときに、排尿を少し我慢する練習も効果があります。排尿間隔を徐々にあけ、尿意や切迫感の改善をすることが目標となります
- 骨盤底筋を鍛えるリハビリテーションで、症状を改善できることがあります
- とくに冬は、腎臓や膀胱を冷やさないように保温し、身体を冷やさないようにします

医療連携のポイント

- リハビリテーション評価
- 日常の排尿記録について情報を提供

副作用・治療の影響

抗コリン薬の副作用に口渇、便秘、吐き気など。緑内障の人では症状が悪化することがある

前立腺肥大症
ぜん　りつ　せん　ひ　だい　しょう

高齢男性の多くにみられる前立腺疾患

膀胱の下に位置する前立腺が肥大することで尿道が圧迫され、排尿障害が生じる疾患。50歳以上の男性の約20％が発症しているとされる。原因は不明だが、男性ホルモンの働きが関与することが明らかにされつつある。

進行するにしたがい、血尿や尿路の汚染、膀胱結石、腎機能障害などを合併する可能性もある。経過観察、注意が必要である。

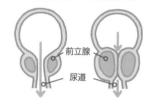

正常　スムーズに尿が出る　前立腺肥大症　尿が出にくい　前立腺　尿道

症状

● 排尿の遅延（トイレに立ってもすぐに尿が出ない）　● 腹圧排尿（腹圧をかけないと排尿できない）　● 尿線途絶（尿の勢いが弱く途切れてしまう）　● 残尿感　● 尿意切迫感　● 頻尿（とくに夜間）　● 尿閉（尿が膀胱に溜まっているにもかかわらず、排出できない）

治療法

● **薬物療法**　排尿障害の改善、男性ホルモンの働きの抑制を図る
● **高温度治療**　尿道を通じマイクロ波を送り、前立腺を加温する
● **レーザー療法**　レーザーメスで肥大した部分を切除する
● **手術**　症状が強い場合、肥大部分の切除手術を行う
● **経過観察**　初期症状の場合は経過をみることもある

高齢者の場合ここに注意！！

①抗コリン作用のある薬剤（風邪薬や抗不整脈薬、精神安定剤など）は排尿状態を悪化させる場合があり、禁忌の場合もある
②排尿の我慢や長時間の座位は、悪影響を及ぼすので避ける

アセスメントのポイント

☑ 疾患について本人の理解はどうか

☑ 日常生活への支障はどの程度か

☑ どのような薬を飲んでいるか、または飲む可能性があるか

腎・泌尿器系

ケアプラン作成のツボ

今後の見通しと支援

前立腺肥大症は、軽度から中度では、積極的な治療をしないで経過観察となることもありますが、進行すると尿路感染症などの合併症を引き起こすことがあります。症状の悪化を防ぐ生活習慣の見直しが重要です。

日常生活の留意点

- 排尿を我慢しないようにします
- 散歩や体操など適度な運動を取り入れ、前立腺のうっ血を防ぎます
- 過度の飲酒、香辛料などの刺激物は控えます
- 十分な食物繊維を摂り、適度な運動をして便秘を予防しましょう。便秘があると排尿がより困難になります
- 風邪薬などほかの薬との飲み合わせに注意が必要です
- 身体を冷やさないよう（とくに下半身）にします

医療連携のポイント

- 尿閉を起こす可能性のある薬剤、副作用について確認

副作用・治療の影響

抗コリン作用をもつ風邪薬、向精神薬、精神安定剤などで尿閉を起こす場合がある。市販薬の服用には、とくに注意が必要

尿路感染症

にょう　ろ　かん　せん　しょう

■女性に多くみられる感染症

尿路（腎臓から尿道までを指す）に大腸菌などの細菌が入り込み、炎症を起こす感染症の総称。部位によって「膀胱炎」「尿道炎」などの呼称がある。発症の経過によって急性・慢性、背景となる泌尿器疾患の有無によって単純性・複雑性という分類も存在する。

原因としては、尿意の我慢、膀胱に残尿がある状態、身体の不衛生などが挙げられる。尿道・膀胱に留置しているカテーテルが原因になるケースもある。

解剖学的に、男性よりも女性の尿道が短く、また女性の尿道には男性のように狭まった部分がなく、細菌が侵入しやすいため、発症は女性に多いとされる。しかし、50歳を過ぎると男女差はなくなるため、男性も注意が必要となる。

■症状

【排尿障害】●頻尿　●残尿感　●尿閉
【尿の性状】●尿の混濁　●血尿
【その他】●発熱　●排尿時痛　●嘔吐　●腰痛など

■治療法

- ●薬物療法　基本的には抗生物質の投与
- ●水分摂取　排尿を促すために積極的に水分を摂る
- ●生活管理　抵抗力が弱まると罹患しやすくなる。休養、栄養に気をつけ、適度な運動や清潔、便秘防止を心がける

高齢者の場合ここに注意！！

①再発を繰り返して慢性化することがあるため注意する
②自覚症状がないまま長期の経過を経ることで、腎機能の低下につながることがある

アセスメントのポイント

- ☑ 膀胱留置カテーテルを使用しているか
- ☑ おむつやリハビリパンツを使用しているか、使用している場合はその状況を確認
- ☑ 入浴や清拭の頻度、清潔は保たれているか

腎・泌尿器系

ケアプラン作成のツボ

今後の見通しと支援

高齢者では、再発や再燃を繰り返しやすく、再発の繰り返しにより慢性化するおそれがあります。再発防止への支援が重要です。

日常生活の留意点

- 排尿を我慢しないよう支援します
- 清潔保持が大切です。とくにおむつやリハビリパンツをしている場合は、定期的に交換して細菌感染を防ぎます
- 水分（お茶などを含む）を十分に摂り、排尿により早めに細菌を排泄します
- 身体の抵抗力を落とさないように、十分な睡眠、栄養を摂ります
- 症状が改善しても、しばらくは定期的な尿検査を続けたほうがよいでしょう

医療連携のポイント

- 尿路感染症の症状が改善しない場合は受診

副作用・治療の影響

抗菌薬は自己判断で服薬をやめず指示どおりに服薬する

尿路結石

男性で約9％、女性で約4％の罹患率とされる泌尿器疾患

結石が尿路内に留まった状態をいう。結石の部分によって、腎臓結石、尿管結石、膀胱結石、尿道結石に細分化されるが、頻度としては腎臓結石が最多。成分はシュウ酸カルシウムなどカルシウムを主成分とするものが多い。

尿路感染や排尿障害、代謝の異常などによって発症すると考えられているが、サプリメントなどによるカルシウムや、代謝産物としてシュウ酸を生成するビタミンCの過剰摂取といった生活習慣による場合は、再発を抑えるため注意が必要となる。

症状

●強い痛み（背、腰、下腹部） ●吐き気 ●血尿 ●頻尿 ●排尿痛（排尿時の痛み） ●残尿感など

治療法

- **服薬** 鎮痛剤の投与（経口、点滴など）
- **水分摂取** 結石が小さい（5mm以下）場合、自然に排出されるのを待つ。アルコールの摂取は逆効果
- **生活指導** 就寝直前の食事は避け、カルシウム、ビタミンC、砂糖、塩、動物性たんぱく質などの過剰摂取を抑える。適度に運動も行うようにする
- **体外衝撃波結石破砕術** 衝撃波を当て結石を砕く
- **経尿道的尿管砕石術** 内視鏡を用いてレーザーや超音波で結石を砕く

高齢者の場合ここに注意！！

①腎臓結石の場合、腎臓に長いこと留まっているため、若年者のように結石が尿管に詰まることによる激しい痛みは少ない
②障害があって臥床が続く人には膀胱結石が多い

☑ 水分摂取の状況はどうか

☑ 食事の内容、食事や水分摂取の必要性について理解して
いるか

☑ 食事を摂る時間はどうか

腎・泌尿器系

ケアプラン作成のツボ

今後の見通しと支援

尿路結石は再発率が高く、5年後にはおよそ半数が再発するといわれます。定期的な検診や水分摂取、食生活など生活習慣の改善が重要です。

日常生活の留意点

- 十分な水分により尿量を増やします。食事以外で1日2ℓ以上の水分摂取を目安とします
- 紅茶、緑茶、清涼飲料水、コーヒーなどは結石の原因となる物質を多く排泄させるため避けます。麦茶やほうじ茶、水道水などで水分を摂りましょう
- シュウ酸を多く含む食品（たけのこなど）、尿酸（ビールなど）、動物性たんぱく質、砂糖、塩分、脂肪分が多いものの摂りすぎに注意します
- カルシウムはしっかり摂ります
- 食後4時間までは、結石形成物質の排泄が多くなります。夕食を食べすぎず、夕食後から就寝までの時間を最低2時間、できれば4時間以上あけます

医療連携のポイント

- 食事など生活習慣の注意点を確認

糖尿病
とう にょう びょう

▌予備軍を含め、わが国では患者数 2,000 万にも及ぶ代謝性疾患

血糖を抑制する作用のあるインスリンが膵臓から分泌されなくなったり、
働き自体が衰えたり（インスリン抵抗性）することによって高血糖状態が
持続する疾患。ウイルス感染などによるⅠ型糖尿病と、食生活や運動不
足、肥満、加齢などが原因とされるⅡ型糖尿病に大別され（大半がⅡ型）、
多様な合併症を引き起こす。

▌症状

【初期症状】 ●自覚症状がほとんどない場合が多い

【中期症状】 ●多尿・頻尿 　●喉の渇き（口渇） 　●疲労感 　●足がつる
　　●傷が治りにくい 　●できものができやすい

【進行期症状】●白内障 　●手足の壊疽 　●尿毒症
　（Ⅰ型）●昏睡 　●意識障害
　（Ⅱ型）●糖尿病性網膜症 　●糖尿病性神経障害 　●糖尿病性腎症

▌治療法

- **薬物療法** 　インスリンの分泌を促したり、インスリン抵抗性を改善し
たりする薬剤、糖の吸収を阻害する薬剤などが用いられる
- **インスリン注射** 　Ⅰ型には必須。Ⅱ型の場合でも食事、運動で改善が
みられなければ行う
- **運動療法** 　肥満の解消と血糖値の改善を目的とする。ウォーキングや
水泳が選択されやすい
- **食事療法** 　1日の摂取カロリー、塩分、糖分、脂肪分は、栄養指導の
もと、摂取量を調節する。食物繊維は多めに摂る

高齢者の場合ここに注意！！

①加齢のためインスリン作用、腎機能が低下しやすい一方、生活改善
　には抵抗が強い場合があるので注意を要する
②動脈硬化が進行しやすく、合併症も多い

アセスメントのポイント

- ☑ 本人によるインスリンなどの自己管理が確実にできているか
- ☑ 糖尿病による合併症はあるか
- ☑ 運動や食事の管理ができているか

代謝・内分泌・免疫系

ケアプラン作成のツボ

今後の見通しと支援

数年の経過で徐々に進行します。罹患が長期になると、合併症がしばしば起こります。とくにⅡ型では生活習慣を改善し、血糖値のコントロールが適切にできるよう支援することが重要になります。

日常生活の留意点

- 薬物治療中は、服薬管理を確実に行います（Ⅱ型）
- 食事は、決まった時間に、三大栄養素をバランスよく摂ります
- 運動を生活の中に取り入れます。1回15〜30分、週3回以上など目安を定めます（必要に応じ、医師に確認）
- シックデイ（風邪や下痢、熱、腹痛、食欲不振、外傷や骨折などの病気にかかっている状態）では、急性合併症にかかることもあります

医療連携のポイント

- 低血糖時、シックデイの対応
- 血糖の目標数値
- 合併症に伴う必要なケアについて情報を得ておく

副作用・治療の影響

血糖降下薬やインシュリン投与時には、不適切な食事や普段より強い運動などにより、低血糖症状（発汗、動悸、手足のふるえ、けいれん、昏睡など）が出ることがある

使える制度 ▶▶▶ 三大合併症の場合：介護保険の特定疾病　人工透析の場合：特定疾病療養受領証（医療費助成）、障害者総合支援法（自立支援医療、日常生活用具）　合併症の障害の程度により身体障害者手帳、障害年金

おさえておきたい！プラスα

✚糖尿病の三大合併症

高血糖の状態が長期間続くと、毛細血管や末梢神経が変化し、三大合併症を引き起こします。

● **糖尿病性網膜症**

網膜の血管が障害を受けて、さまざまな病変が目に現れます。飛蚊症（ひぶん）や視力低下が起こり、中途失明の危険性も高くなります。

　　※飛蚊症…目の前に蚊のようなものが飛んでいるように見える
　　　症状。硝子体（⇨p.10）の混濁によって起こる。

● **糖尿病性神経障害**

外傷ができても気づかないうちに感染して壊疽（えそ）を起こし、切断を余儀なくされることもあります。

　　※壊疽…壊死（えし）してしまった組織が腐敗菌などに感染し、変色し
　　　た状態。

下肢の壊疽や動脈硬化により、虚血性心疾患（⇨p.94）、閉塞性動脈硬化症（⇨p.100）、虚血性大腸炎（⇨p.134）などが起こり、重い障害や死に至る場合もあります。

● **糖尿病性腎症**

高血糖により、糸球体が過剰に糖をろ過しなければならないため、血液の圧力が長期間強まります。すると糸球体が硬くなって腎臓の機能が低下すると考えられています。

➕自己注射の支援

在宅でのインスリン療法では、多くの場合、本人や家族による自己注射が用いられます。

取り扱いが容易で、定量の薬を確実に注射できる、ペン型の注射器があります。保管方法を含め、使用方法について、主治医などの説明や指導をしっかり受け、守ることが肝要です。

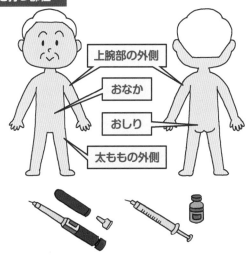

注射を打つ部位

- 上腕部の外側
- おなか
- おしり
- 太ももの外側

- 打つ部位によって、吸収される速度が違うため、毎回同じ部位に打ちましょう。ただし、ぴたりと同じ場所に打っていると、皮膚が硬くなり、インスリンの効き目が悪くなってしまうことがあります。前回針を刺した箇所から指２本分ずらして打つようにします。
- タイミングを間違えるだけでも低血糖を起こす場合があります。
- **インスリンは劇薬です。**
- ※**インスリン注射は介護職は行えません。**

甲状腺機能障害

▌甲状腺ホルモンの分泌異常による内分泌疾患

甲状腺から分泌される甲状腺ホルモンが、過剰であったり不足したりしていることによって起こる疾患。過剰な場合を甲状腺機能亢進症、不足の場合を甲状腺機能低下症として区別する。原因としてはバセドウ病（亢進症の原因）や橋本病（低下症の原因）などの自己免疫疾患や、ヨウ素摂取の過不足がある。また、何らかの疾患で甲状腺を摘出したり、放射線で甲状腺機能を廃絶したことで甲状腺機能低下症が生じる。

▌症状

【甲状腺機能亢進症】●甲状腺腫　●頻脈　●動悸　●息切れ　●疲労感
　●発汗過多　●体重減少　●眼球突出（バセドウ病による）

【甲状腺機能低下症】●びまん性甲状腺の腫大　●疲労感　●倦怠感　●気力の低下　●皮膚の乾燥　●冷感　●体重増加　●便秘　●過多月経
　●むくみ　●脱毛　●嗄声（声の枯れやかすれ）

▌治療法

- **薬物療法**　甲状腺ホルモンの分泌抑制あるいは代謝促進を図る。甲状腺機能亢進症では、放射性ヨードを投与することもある
- **食事指導**　甲状腺ホルモンの産生にかかわるヨードを含む食品を、亢進症ならば抑制し、低下症では補給するようにする
- **手術**　甲状腺機能亢進症では、腫れた甲状腺を手術で切除することもある

高齢者の場合ここに注意！！

①甲状腺機能亢進症では、体重減少と疲労感が最多とされる
②甲状腺機能低下症では、物忘れや錯乱など認知症を思わせる症状が出現することもある

アセスメントのポイント

☑ 服薬状況の確認

☑ 1日の活動状況はどうか

☑ 甲状腺機能障害以外の疾患はあるか

ケアプラン作成のツボ

代謝・内分泌・免疫系

今後の見通しと支援

甲状腺機能亢進症では、適切な薬物治療を行っていれば、甲状腺の機能が著しく亢進している場合を除いて、疾患に伴う生活上の制限や厳しい食事制限はありません。十分な栄養と休息でストレスを溜めないよう支援しましょう。

日常生活の留意点

● 甲状腺機能が亢進している間は、心臓に負担がかかるため、ある程度活動を制限する必要があります

● 十分な睡眠や休養をとり、ストレスを溜めないようにします

● 甲状腺機能に悪影響を与えますので禁煙をすすめましょう

● ヨードの過剰摂取は甲状腺の機能を弱めることがあります。甲状腺機能低下症でも、昆布などヨードを多く含む食事の摂りすぎには注意します

● 薬物治療は重要です。しっかりと服薬ができるよう支援しましょう

● 高齢者では認知症が現れることがあります。治療により改善しますので、アルツハイマー型認知症などと間違えないよう注意します

副作用・治療の影響

甲状腺機能低下では、肝機能障害を起こす頻度が上がり、また薬物の副作用により肝機能低下が起こることがある

脂質異常症

▌50歳以上の男性の50％、60歳以上の女性の1/3がかかる疾患

コレステロール（脂質の一種）が血液中に溜まることで症状が現れる疾患。血液中のLDL（悪玉）コレステロールが増えすぎる高LDLコレステロール血症、中性脂肪が増えすぎる高トリグリセライド血症、HDL（善玉）コレステロールが少なくなった状態の低HDLコレステロール血症の3種がある。

かつては「高脂血症」と呼ばれていたが、2007（平成19）年にガイドラインが改訂され、現在の呼び方となった。初期は自覚症状が現れにくいため、定期的に健康診断などで血液検査を受けることが望ましい。

▌症状

【初期症状】●自覚症状はほとんどない
【中期】●食欲の減退 ●上腹部痛 ●嘔吐 ●高血圧 ●動脈硬化など
【進行時】●心筋梗塞 ●脳梗塞など

▌治療法

- **薬物療法** 食事療法で十分な効果がない場合、LDLコレステロールを減らしたり、中性脂肪を抑制したりする薬剤を投与する
- **食事療法** 総エネルギー量を制限し、卵や脂肪分を減らして大豆や魚などを多く摂るようにする。アルコールはビールなら1本、日本酒なら1合程度とする
- **禁煙指導** ●**生活習慣の改善** 食事とあわせて運動なども行う

高齢者の場合ここに注意!!

①食事制限で楽しみがなくなってしまわないように注意する
②すでに動脈硬化が進んでいる場合があるため、運動療法については医師と相談して決定する

アセスメントのポイント

☑ 薬の服用状況はどうか

☑ 喫煙、飲酒などの生活習慣はどうか

☑ 適正体重を維持しているか

ケアプラン作成のツボ

代謝・内分泌・免疫系

今後の見通しと支援

脂質異常症は自覚症状がなく進行し、動脈硬化や脳血管障害、心疾患につながることがあります。食生活の改善、運動習慣などで、動脈硬化の進行を抑えることが大切です。

日常生活の留意点

- 肥満の場合は減量し、適正体重（BMI18.5～24.9）を維持します

  BMI＝体重（kg）÷身長（m）÷身長（m）

- 中性脂肪が高い場合は、低脂肪、低エネルギー食とし、糖質と飲酒を控えます。コレステロールが高い場合は、食物繊維を摂り、動物油に多い飽和脂肪酸を控えます。特定保健用食品を活用するとよいでしょう
- 喫煙は症状を進行させるため、禁煙をすすめます
- 運動習慣を取り入れます（1日15分以上の散歩など）
- 薬物治療では、確実に服薬ができるよう支援します

副作用・治療の影響

脂質異常症の治療薬の中には、グレープフルーツジュースを摂ることによって、効果に影響が出るものがある。ワ　ファリンでは、納豆やクロレラ食品を摂ると、効果が低下する

医療連携のポイント

- 食事療法の方針や治療薬に影響を与える食品についてなどを医師に確認する

高尿酸血症(痛風)

食事の欧米化で急増した生活習慣病

高プリン体の食事やアルコールの過剰摂取を続けていると、それらが体内で尿酸となり、過剰となった尿酸が関節に沈着して結晶化、炎症を起こす。通常、血清尿酸値が7.0mg/dlを超えると高尿酸血症とされる。症状は足趾(足の指)などに現れることが多く、非常な激痛を伴う。圧倒的に男性に多く、女性に起こることはまれとされる。

治療に際しては薬剤による尿酸値のコントロールが重要なので、徹底した服薬の管理が求められる。

症状

●痛風結節(足の指などの関節の激痛、腫脹、熱感、発赤) ●関節炎(手足関節に多い) ●痛風腎(無治療で病状が進行すると出現する腎機能障害) ●尿路結石 ●血尿

治療法

●**薬物療法** 発作時には非ステロイド系消炎鎮痛剤(NSAIDs)、高尿酸血症の改善には尿酸排泄促進剤、尿酸産生阻害剤などが投与される
●**食事制限** 高プリン体食品、アルコールを避ける
●**水分補給** 尿酸は尿から排泄されるため、尿量を増やす
●**運動療法** 肥満改善のため、食事とあわせて実施する
※**発作時の対応** 消炎鎮痛剤の投与、患部の冷却・安静

高齢者の場合ここに注意!!

①脱水状態になりやすいため、水分不足で高尿酸血症となることが多い。利尿薬を使用している際にはさらに注意が必要
②腎機能の低下で高尿酸血症となる場合もあるので注意する

アセスメントのポイント

- ☑ 食事制限や飲酒制限について本人の理解はあるか
- ☑ 1日の水分は十分に摂れているか。よく摂る時間帯はいつか
- ☑ 運動習慣はあるか

代謝・内分泌・免疫系

ケアプラン作成のツボ

今後の見通しと支援

高尿酸血症は、放置していると腎機能が低下し、腎障害や尿路結石にもかかりやすくなります。また、脂質異常症、高血圧症などと合併しやすく、動脈硬化の原因となります。食事管理、運動習慣が大切です。

日常生活の留意点

- 肥満の人は減量し、軽い運動（散歩などの有酸素運動）を毎日の習慣として行います
- 尿中の尿酸濃度を低下させるため、水分を十分に摂ります。腎障害と尿路結石の予防にも有効です
- 食事では、プリン体を含む食品（肉や魚の内臓類、乾物）やビールなどのアルコールは避けます
- 尿の酸性化を防ぐため、野菜、いも、海藻類などのアルカリ性食品を多く摂ります

医療連携のポイント

- 尿酸排出に必要な水分量の確保について、チーム間で情報を共有
- 食事指導の確認

副作用・治療の影響
利尿薬により尿を排出すると、尿酸値が上昇し、症状が悪化することがある

膠原病
こう げん びょう

複数の臓器に炎症と機能障害をもたらす疾患群

個々の臓器ではなく、結合組織（靭帯・腱など線維成分に富む組織のほか、軟骨・骨・血液・リンパなども含む）や血管が主体となり発症し、複数の臓器に症状が出る疾患の総称。したがって「膠原病」とは厳密には個別の病名ではなく、多くの疾患を含んでいる。

古くからいわれる膠原病としては、関節リウマチ、全身性エリテマトーデス、強皮症、皮膚筋炎・多発性筋炎、結節性多発性動脈周囲炎、混合性結合組織病の６つがある（古典的膠原病）。これらに加え現在では成人スティル病、シェーグレン症候群、混合性結合組織病（MCTD）、ウェゲナー肉芽腫症、高安動脈炎（大動脈炎症候群）、側頭動脈炎、ベーチェット病、好酸球性筋膜炎、強直性脊椎炎、乾癬性関節炎、サルコイドーシスなども膠原病類縁疾患とされる。多くの疾患は自己免疫疾患とされ、根治法は発見されていないが、服薬しながら日常生活を営む人は多い。

症状

【代表的な症状】●微熱　●関節・筋肉痛　●発疹・紅斑　●レイノー現象（指先が血流不足で白くあるいは青黒く見える）　●リンパ節の腫脹　●しびれ

治療法

●**薬物療法**　全般的にステロイドが投与され、免疫抑制薬を併用することもある。副作用が強いため、近年では漢方薬を用いる場合もある

高齢者の場合ここに注意！！

①とくに関節リウマチ、リウマチ性多発筋痛症、側頭動脈炎などの発症が多い
②男女比では女性にやや多い

アセスメントのポイント

☑ 薬の副作用はないか

☑ 水分量、塩分量制限の有無を医師に確認

☑ 長期の服用による精神的不安などはないか

ケアプラン作成のツボ

代謝・内分泌・免疫系

今後の見通しと支援

膠原病は全身性エリテマトーデスなど共通の特徴をもつ複数の疾患の総称で、予後も異なります。ステロイド薬が治療に使われるため、服用に伴う副作用、症状を悪化させる寒冷刺激、感染症、紫外線などに気をつけます。

日常生活の留意点

● とくに全身性エリテマトーデスでは、紫外線で病状が悪化することがあります。日傘、帽子、長袖の衣服などで直射日光を防ぐようにしましょう

● ステロイド薬の服用中は、骨粗鬆症の予防のため、カルシウムとビタミンDの十分な摂取、適度な運動が必要です

● ステロイド薬の服用中は、感染しやすくなります。手洗い・うがいを習慣にしましょう

● 外出するときは、冷えないよう手袋などで保温します

副作用・治療の影響

長期のステロイド内服による副作用に感染症、骨粗鬆症、脂質異常症、高血圧、筋力低下、骨壊死、精神不安定などがある

医療連携のポイント

● 服薬治療の方針について確認

使える制度 ▶▶▶ 関節リウマチの場合：介護保険の特定疾病　全身性エリテマトーデス、ベーチェット病、悪性関節リウマチなどの場合：難病医療費助成制度

重症筋無力症
じゅう しょう きん む りょく しょう

女性に多い、筋力低下が特徴の自己免疫疾患

神経から筋肉への命令が伝わらず、疲れやすくなったり力が入りにくくなったりする疾患。通常、神経筋接合部（神経と筋肉の接する部分）では神経伝達物質であるアセチルコリンが神経から筋肉へと信号を伝えているが、自己抗体によってこのしくみが不全となることで発症する。自己抗体がつくられる原因は明らかではないが、75％の患者に胸腺腫など胸腺の異常があり、関与が疑われている。

早期の治療により、発症者の半数ほどは服薬しながら日常生活をおくることができる。一方で治療が奏功しない例も1割程度ある。

症状

- 筋力低下　●易疲労性（疲れやすい）　●眼瞼（まぶた）下垂　●複視
- クリーゼ（ストレス、外傷などで急に全身の筋肉が麻痺して呼吸困難となる）

治療法

- **対症療法**　神経から筋肉への信号伝達を強める薬剤（コリンエステラーゼ阻害薬）を用いる
- **免疫療法**　ステロイド薬や免疫抑制薬を用いて、自己抗体産生を抑制する
- **気管挿管**　クリーゼの状態で呼吸状態が悪いときに行う
- **血液浄化療法**　自己抗体を除去する
- **大量ガンマグロブリン療法**　免疫の異常を正常化させる
- **手術**　難治性の場合、胸腺腫の有無にかかわらず、その切除を行う

高齢者の場合ここに注意！！

①胸腺腫を合併する頻度が若年より高い
②まぶたの皮膚は加齢によってゆるむため、眼瞼下垂であるかどうかの評価が難しい

アセスメントのポイント

- ☑ 疾病に関する本人の理解はあるか
- ☑ 薬の副作用はあるか
- ☑ 食事などの飲み込みにくさはあるか

ケアプラン作成のツボ

今後の見通しと支援

早期診断と治療により予後は比較的良好ですが、感染などで増悪することがあり注意が必要です。疲れを溜めず、規則正しい生活をおくれるよう配慮しましょう。

日常生活の留意点

- 病状がコントロールできれば、生活上の制限は少ないです
- 医師の指示に基づきしっかりと服薬管理をします
- 感染や疲れ、ストレスなどがきっかけで急激に筋肉が麻痺し、呼吸困難を起こす「クリーゼ」が起こることがあります
- 睡眠を十分にとり、無理のない規則的な生活を心がけます
- 飲み込みにくさがある場合は、飲み込みやすくなるくふうをしましょう
- 目の筋力低下による複視で、転倒することがあります。転倒しにくいよう環境整備をします

副作用・治療の影響

ステロイド薬の注意点は膠原病と同様。また、精神安定剤、睡眠導入剤、鎮痛剤、風邪薬などは、症状を悪化させることがある

医療連携のポイント

- 使用薬剤の確認
- 緊急時の対応

使える制度 ▶▶▶ 医療保険の訪問看護適用　難病医療費助成制度

骨粗鬆症

<small>こつ そ しょう しょう</small>

骨の代謝バランスが崩れ弱体化する疾患

骨吸収（古い骨の破壊）と骨形成（新しい骨の形成）という骨の代謝の
バランスが崩れ、骨吸収が骨形成以上のスピードで進み、骨がもろくな
る疾患。70歳以上の女性の2人に1人が罹患していると考えられている。
直接的な痛みなどは出現しにくいが、骨折しやすくなるため、要介護状
態や寝たきりとなる可能性がある。

老化やエストロゲン減少による原発性と、ほかの疾患やステロイド薬の
副作用による続発性がある。多くは原発性であるとされる。

症状が進むと転倒骨折の可能性が高まるため、家屋内の環境整備に留意
する必要がある。また、カルシウムの摂取や適度な運動、ビタミンＤを
生成する日光浴などによって予防することも重要である。

症状

●腰痛　●背部痛　●骨が折れやすくなる　●背が丸くなる（円背）　●身
長の短縮

治療法

- **薬物療法**　骨の代謝を助け骨吸収を防ぐ薬や鎮痛剤の投与
- **食事療法**　骨形成に必要とされるカルシウム、たんぱく質、ビタミン
  Ｄ・Ｋなどを多く摂るよう心がける。飲酒・喫煙は控える
- **適度な運動**　ある程度の負荷をかけて骨を丈夫にする

高齢者の場合ここに注意！！

①転倒には注意しつつ、一定の運動量は確保する

②男性も加齢によって骨密度が低下し、65歳あたりから骨粗鬆症の
　リスクが高い状態となる

③逆流性食道炎（⇨p.124）との関連について注意が必要

アセスメントのポイント

☑ ADLの低下はどの程度あるか

☑ 室内環境に転倒リスクはないか

☑ 決められた処方できちんと服薬できているか

ケアプラン作成のツボ

骨・関節系

今後の見通しと支援

骨粗鬆症はわずかな転倒で骨折（とくに大腿骨頸部骨折）し、寝たきりにつながります。転倒不安から生活不活発となりやすいので、転倒防止の環境整備、筋力強化、食事指導を行い、服薬がしっかりできるよう支援します。

日常生活の留意点

● 段差のほか、カーペットのめくれや電気コード類なども転倒の原因となります。不要なものは片付けましょう。手すりや夜間照明の設置、移動時の見守りなども行います

● 無理のない範囲で、散歩などの運動、筋力強化のための体操を行います

● 骨密度強化のため、カルシウムやカルシウムの吸収を助けるビタミンD、ビタミンKなどをバランスよく摂ります

● 治療薬には、4週に1度服用するもの、1週に1度服用するもの、そのほかいくつかの形態があります。服薬を確実にできるように支援しましょう

医療連携のポイント

● 筋力強化運動の評価と実施

● 服薬方法の確認

使える制度 ▶▶▶ 骨折を伴う場合：介護保険の特定疾病

骨折

こっ せつ

骨の損傷全般を指す概念

外力により骨に生じる外傷。単に折れるだけでなく、変形や亀裂などの損傷も「骨折」と表現される。原因によって外傷骨折、疲労骨折（繰り返し力が加わり、疲労が発生して起きる）、病的骨折（何らかの疾患によって起こる）に分類することが可能。

折れる部位によっては重大な合併症が生じる。このため、骨折の手当だけでなく内科的なチェックも必要となる。

症状

【一般的な症状】
- 激痛 ●腫れ ●内出血 ●可動性の異常（正常な状態では動かない部分が動く） ●変形 ●発熱

【合併症】
- ショック ●骨髄塞栓 ●脂肪塞栓症候群（骨髄が存在する部位の場合） ●内臓損傷（骨片により内臓や血管、神経などが損傷）

治療法

- **整復** 骨折してずれ（転移）がある場合は、徒手や手術、器具などで整復する
- **固定** 外固定（ギプス・副木〔添え木〕などを使用）、内固定（手術による）、創外固定などの方法がある
- **鎮痛剤** 痛みが強い場合に投与する
- **リハビリテーション** 関節が固くなるのを防ぐために行う

高齢者の場合ここに注意！！

①肩（上腕骨頸部骨折）、脊椎（脊椎圧迫骨折）、手首（橈骨遠位端骨折）、足のつけ根（大腿骨頸部骨折）が高齢者の好発部位
②寝たきりになりやすいので、認知症や肺炎などに注意する

アセスメントのポイント

- ☑ 痛みはあるか
- ☑ 現在生じている生活機能の障害と今後の改善可能性はどうか
- ☑ 室内環境に転倒リスクはないか

ケアプラン作成のツボ

今後の見通しと支援

大腿骨頸部骨折では、多くの場合、立位や歩行が困難になります。早期からのリハビリテーション、早期離床が推奨されますが、歩行能力は骨折前よりも低下することが多いです。寝たきりにならないような働きかけが重要です。

日常生活の留意点

- ADLの状態に応じて、段差の解消、手すりの設置、床材の変更など移動しやすいような生活環境を整えます
- ADLの状態に応じて、車いす、杖などの歩行補助用具を使用し、日中離床して過ごせるよう支援します
- 転倒した場合でも、床材の変更などやヒッププロテクターの装着により、骨折しにくい環境をつくります

医療連携のポイント

- リハビリテーションの評価・実施

■必要な福祉用具・医療機器

ヒッププロテクター

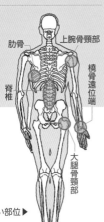

肋骨　上腕骨頸部　橈骨遠位端　脊椎　大腿骨頸部

骨折しやすい部位▶

骨・関節系

おさえておきたい！プラスα

❖状態に合ったものを適切に…杖・歩行器の種類

福祉用具の貸与または販売により、杖や歩行器を利用することで、「できなかったことができるように」「より安心・安全に」なります。ポイントは、利用者の状態や目的に合ったものを選ぶことで、医療やリハビリ関連の専門職、福祉用具専門相談員などとの連携が大切です。

※状態・目的に合わなくなった場合には、種類や機種の変更を検討します。

※Ｃ字型やＴ字型などの一本杖は、介護保険制度の給付対象ではありません。

● 杖の種類

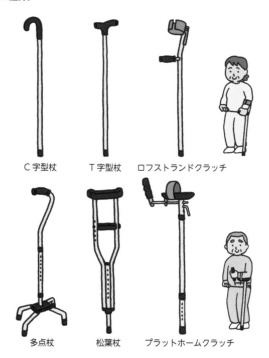

Ｃ字型杖　　Ｔ字型杖　　ロフストランドクラッチ

多点杖　　松葉杖　　プラットホームクラッチ

● 歩行器の種類

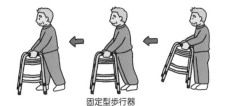

固定型歩行器

交互型歩行器

二輪歩行器

三輪歩行器

四輪歩行器

● 片麻痺の場合　杖の使用例

杖歩行：階段

杖歩行：段差

肘あて付き四輪歩行器

関節リウマチ

手足の関節に症状が出る自己免疫疾患

異常を起こしたリンパ球が血液を循環することで関節内に炎症を起こし、痛みや関節の変形を引き起こす疾患。40歳代前後の女性に好発する。多くは慢性的に進行し、治療が施されなければ滑膜炎や関節破壊に至る。かつては不治の病とされていたが、生物学的製剤と呼ばれる薬剤が登場したことで進行を抑えることが可能となった。しかし、難病指定の悪性関節リウマチなどもあり、長期の療養が必要なことが多い。

症状

【初期症状】●発熱　●倦怠感　●貧血　●皮膚の乾燥など

【関節症状】●関節炎（左右対称、3か所以上）●こわばり（主に朝、指関節が動かしにくい）　●変形

【全身症状】●食欲不振　●体重減少　●リウマトイド結節（心臓、肺、腱などにできる小結節。無痛で、自然に消えることが多い）

治療法

- **薬物療法**　非ステロイド性消炎鎮痛剤（NSAIDs）、ステロイド薬、抗リウマチ薬、生物学的製剤などを投与する
- **手術**　薬が効かない場合、関節固定術、滑膜切除術などを行う
- **自助具**　生活障害を改善し、関節の保護や変形予防にもなる
- **リハビリテーション**　関節機能の維持のために行うことがある
- **人工関節**　関節破壊が進んだ際に用いる

高齢者の場合ここに注意！！

①60歳代以上で発症する高齢発症関節リウマチも認められている。この場合、発症に男女差はない

②若年者と比較して炎症や痛み、腫れが強い

アセスメントのポイント

☑ 日常生活での痛みの程度はどうか

☑ 疾患により生じている日常生活の不自由は何か

☑ 福祉用具、装具の使用などにより改善できるIADLは何か

骨・関節系

ケアプラン作成のツボ

今後の見通しと支援

関節の症状以外にも、発熱、易疲労感、貧血など全身の症状が現れます。血管の炎症による心筋梗塞や脳梗塞の発症にも注意が必要です。関節保護を基本とした生活指導、自助具などでの生活のくふうが大切です。

日常生活の留意点

● 継続した薬物治療や診察が必要です。薬の効果や副作用の確認、受診の継続など医療との連携をしっかり行います

● 関節に負担のかからないよう、床材の変更などの環境整備、自助具や補装具の利用をすすめます

● 服装は保温力があり着脱しやすいものを選びます

● 症状に応じて、自宅で簡単にできるリウマチ体操など適度な運動を続けます

● 多量の飲酒や喫煙は避け、規則正しい生活をおくれるよう支援します

副作用・治療の影響

抗リウマチ薬の中心となるメトトレキサートは、高齢者では血小板減少症、間質性肺炎などの副作用が起こりうるため注意が必要

医療連携のポイント

● 薬の効果や副作用の確認

● 運動療法の可否などの評価

● 受診の継続の支援

使える制度 ▶▶▶ 介護保険の特定疾病　悪性関節リウマチでは難病医療費助成制度　身体障害者手帳　障害年金　障害者総合支援法（補装具など）

後縦靭帯骨化症
こう　じゅう　じん　たい　こっ　か　しょう

▌特定疾患に指定されている靭帯の難病

背骨の中を縦に走り支えている後縦靭帯が骨化する疾患。その結果、脊髄が入っている脊柱管が狭くなり神経根が圧迫されて神経症状が生じる。骨化する部位により、頸椎後縦靭帯骨化症、胸椎後縦靭帯骨化症、腰椎後縦靭帯骨化症と分類される。

原因は不明ながら、東洋人（とくに日本人）に多く発症するという報告がある。また、肥満体型や糖尿病もリスクが高い。

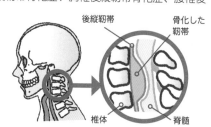

▌症状

【頸椎後縦靭帯骨化症】●指先・肩甲骨の周辺・首の痛みやしびれ　●四肢の運動障害　●下肢のしびれ・感覚障害　●排尿困難など

【胸椎後縦靭帯骨化症】●下肢のしびれ・脱力・痛み　●排尿困難　●歩行困難など

【腰椎後縦靭帯骨化症】●下肢のしびれ・脱力・痛み　●坐骨神経痛など

▌治療法

●**保存療法**　固定用具の装着、症状緩和のための鎮痛剤などの投与
●**手術**　保存療法で効果がない場合、手術が行われることもある

高齢者の場合ここに注意！！

①加齢によって発症頻度が上がるので留意する
②過剰な保存的治療の継続は高齢者の心肺機能を急激に悪化させ、糖尿病などの合併症の悪化にもつながる

☑ 疾患が及ぼす日常生活の支障はどの程度か

☑ 転倒・転落リスクの高い室内環境や生活習慣はないか

☑ 疾患に対する本人の理解はどうか

骨・関節系

ケアプラン作成のツボ

今後の見通しと支援

症状は必ずしも進行性ではありませんが、徐々に神経障害が進行したり、転倒などを契機に急激に増悪したりする例もあります。転倒には十分注意する必要があります。

日常生活の留意点

- 過度に運動制限をする必要はありません
- わずかな外傷で症状が悪化したり、比較的軽微な転倒でも脊髄を損傷したりしてしまうことがあります。転倒や転落には注意が必要です
- 首を強く後ろにそらす姿勢は、脊柱管が狭くなるので危険です。とくに、理髪店や歯科治療では注意を促すことが必要です
- 症状がない場合でも、定期的な受診が必要です
- 排尿・排便障害に留意しましょう

医療連携のポイント

- 症状がなくても定期的な通院と検査が必要
- 手術時期を含めた治療方針の確認

使える制度 ▶▶▶ 介護保険の特定疾病　難病医療費助成制度　身体障害者手帳　障害年金

変形性膝関節症

▌高齢者の抱える膝関節で最多の疾患

膝関節の軟骨がすり減り、痛みや腫れが起こる。膝以外にも股関節、脊椎（背骨）など負荷がかかりやすい部位に生じやすい。症状が進むと屈曲 拘縮 を起こし膝がまっすぐ伸びなくなるが、関節リウマチのように関節破壊までは至らないことが多い。

基本的には関節軟骨の老化によるものだが、肥満による体重の増加で発症が後押しされているケースも多い。遺伝的要因や、骨折や靭帯損傷の後遺症として発症することも指摘されている。

▌症状

●動き出すときや段差昇降時の膝の痛み　●正座・あぐら・膝の曲げ伸ばしなどが困難　●膝に水（関節液）が溜まる　●腫れ　●膿　●歩行困難　●筋力低下　●○脚（膝関節の変形）

▌治療法

●**薬物療法**　鎮痛剤の投与、患部へのヒアルロン酸注射
●**リハビリテーション**　●**運動療法**
●**装具療法**　膝サポーター、足底板装具
●**温熱療法**（自己判断では行わない）
●**手術**　膝関節鏡手術（凹凸・骨 棘 などの切除）、人工膝関節置換術

高齢者の場合ここに注意！！

①高齢者の膝の痛みの多くが変形性膝関節症といわれる
②人工膝関節置換術で用いられる人工膝関節には耐用年数（20年程度）があるため、これを考慮して治療方針を決める

アセスメントのポイント

- ☑ 膝関節の痛みに伴う生活機能動作の支障は何か
- ☑ 膝関節に負担となる環境要因はあるか
- ☑ 歩行能力はどの程度あるか

ケアプラン作成のツボ

骨・関節系

今後の見通しと支援

症状は、ゆっくり何年もかけて進行します。進行すると腫れてきたり、筋肉が弱くなったりします。まず、膝にかかる負担を減らすこと、また日常的に運動療法などを取り入れ、筋力を強くしていくよう支援します。

日常生活の留意点

- 肥満は膝の負担となるため、減量が必要です
- 水中歩行、散歩、ストレッチなどは、定期的に行うことで筋肉を強化し、腫脹を抑える効果があります
- 大腿の筋肉や関節の動きをよくする体操を取り入れます
- 温湿布や風呂、シャワーなどで加温することにより痛みが軽減します
- いす、ベッド、洋式トイレの使用など膝に負担をかけない環境にします
- サポーター、杖などにより膝関節の負担を軽くします

医療連携のポイント

- 運動療法の内容、回数について医師に確認
- 装具使用時の痛みがある場合は医師に相談

副作用・治療の影響

内服薬は手軽に服用できるが胃腸障害などの副作用がある。体調変化時には医師に要相談

使える制度 ▶▶▶ 介護保険の特定疾病　身体障害者手帳　障害年金

腰部脊柱管狭窄症
ようぶせきちゅうかんきょうさくしょう

間欠（歇）性跛行を特徴とする整形外科疾患
かんけつ　せいはこう

骨や靭帯の変性により腰部の脊柱管が
狭くなり、内部の神経が圧迫されるこ
とで、下半身に症状が出現する疾患。
多くは加齢によるものといわれてい
るが、正確な原因は明らかにされて
いない。
腰椎を前屈する姿勢で痛みが緩和す
る。歩行時には杖などを用いて負担
を軽減させることが肝要である。

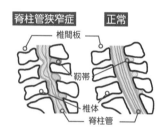

症状

● 下肢の痛み　● しびれ　● 間欠（歇）性跛行（歩行中、足の痛みやし
びれで歩けなくなるが、休むとまた歩けるようになる）　● 下肢の脱力
感・筋力低下　● 排泄障害（膀胱や直腸の機能に障害が起こるため）

治療法

● **薬物療法**　消炎鎮痛剤や血行を改善する薬剤を用いる
● **装具療法**　コルセットの着用など
● **手術**　根治には、手術で狭窄部を開放する
● **リハビリテーション**　症状の軽減を目指す
● **神経ブロック療法**　薬物療法が無効の場合や症状が強いときに行う
● **理学療法**　ストレッチ、筋力訓練、温熱療法など

高齢者の場合ここに注意！！

歩行や立位でしか発見できないので、機会を逃さず確認する

アセスメントのポイント

☑ 痛みによりどのような動作に支障が出ているか

☑ 歩行の状況はどうか

☑ 歩行可能な距離を確認

ケアプラン作成のツボ

骨・関節系

今後の見通しと支援

狭窄が進むと、会陰部の異常感覚、膀胱直腸機能障害、筋力低下などを生じ、手術による治療が検討されます。痛みは姿勢に左右されるので、楽な姿勢についての情報提供やくふうをして、痛みを軽減できるように支援します。

日常生活の留意点

● 外出時には、杖やシルバーカーなどを使用し、楽な姿勢がとれるようにします

● 重いものを持ちあげる、腰を曲げる、ひねる、長時間同じ姿勢を続けるといった腰に負担をかける姿勢を避けるようにします

● 腹筋強化のため、軽い体操などを取り入れましょう

医療連携のポイント

● 運動療法の内容、回数について医師に確認

● 間欠性跛行、楽な姿勢について情報共有

副作用・治療の影響

鎮痛剤の副作用（胃潰瘍、腎機能障害）に注意

■必要な福祉用具・医療機器

コルセット、杖などの歩行補助用具

使える制度 ▶▶▶ 介護保険の特定疾病　身体障害者手帳　障害年金

※広汎脊柱管狭窄症は、難病医療費助成制度の対象です

褥瘡
じょく そう

▌寝たきりや車いすの状態で起こりやすい皮膚の損傷

同じ体位で長時間いることで、マットや車いすなどに身体の一部が接触・圧迫され続けて血流が悪化し、筋肉や皮下組織に栄養が供給されなくなり細胞の壊死を起こす。汗や失禁などの身体の汚れ、栄養状態の悪化、ほかの疾患によって活動性が低下していることなども発症の原因となる。

IAETの分類では、「皮膚に発赤がみられる」から「潰瘍が筋組織にまでおよび、骨が露出する場合がある」まで4ステージに分けられる。重症化する前に対処することと、予防が重要である。

▌症状

【初期】●皮膚の発赤 ●ただれ ●内出血 ●水疱（水ぶくれ）
                                                すいほう

【重篤期】●皮下脂肪への傷の拡大 ●膿瘍 ●壊死 ●骨の欠損

【合併症】●むくみ ●敗血症 ●低たんぱく血症

▌治療法

● **薬物療法** 傷の保護、抗炎症、感染抑制などの薬物を用いる

● **リハビリテーション** 予防的に取り組む

● **体圧分散・体位変換** 同部位が圧迫され続けるのを避けるため、体圧分散用具を用いたり定期的に体位変換を行ったりする

● **清潔保持** 身体の清潔保持と同時に寝具の交換なども行う

● **栄養管理** 低栄養状態もリスクとなるため、十分なカロリー、たんぱく質の摂取が必要である

● **外科的治療** 重症例では外科手術を行う

高齢者の場合ここに注意！！

①老化のため、皮下脂肪・筋肉量が低下し、血管自体ももろくなっており、褥瘡ができやすい

②重症化すると手術も成功しにくいため、予防や早期治療が重要

アセスメントのポイント

☑ 褥瘡の発生要因（身体的・社会的要因）は何か

☑ 基礎疾患、薬剤の使用状況の確認

☑ 介護力はどの程度あるか

ケアプラン作成のツボ

皮膚

今後の見通しと支援

褥瘡では、体重による局所への圧迫を取り除くほか、栄養管理、皮膚の清潔保持といった全身への対応が重要です。介護力不足など社会的要因にも着目し、多職種と連携して対応します。

日常生活の留意点

● 体位変換や福祉用具の使用により、体重による圧迫を分散します

● 入浴ができない場合は清拭により皮膚の清潔を保持します

● 低栄養も褥瘡の発生要因となるため、高たんぱく、高カロリー、高ビタミン食で栄養補給をします

● 発生している褥瘡については、医師や看護師による適切な処置が必要です

● 家族や介護者に、褥瘡予防のための介護知識やスキルを指導したり、必要なサービス導入を提案したりして、二次的な発生を防ぎます

副作用・治療の影響

細菌感染による褥瘡感染症に注意が必要

医療連携のポイント

● 発生した褥瘡の処置、治療

■必要な福祉用具・医療機器

体位変換器（褥瘡予防のため使用）

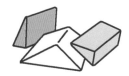

⊕介護職が行える"医療的ケア"とは

医療用具の使用や薬にかかわる介助のうち、「医行為ではなく介護職が行えること」については、法令で定められています。

- **痰の吸引**（口腔内〔咽頭の手前〕、鼻腔内、気管カニューレ内部）

- **経管栄養**（胃ろう、腸ろう、経鼻経管栄養）

2012年4月から、厚生労働省が定める一定の研修を修了し、都道府県知事に登録した介護職員等は、上記の痰の吸引および経管栄養について、医師の指示のもと実施できる。

（厚生労働省 医政発第0726005号 平成17年7月26日および改正省令 平成23年10月3日公布より抜粋）

- **ストーマ装具の交換**
  （肌への接着面に皮膚保護機能を有するもの）

- **ストーマパウチに溜まった排泄物の処分**

- **自己導尿カテーテルの準備・体位の保持**

- **ディスポーザブルグリセリン浣腸器を用いた浣腸**
  （グリセリン濃度50%、成人用の場合で40g程度以下、挿入部の長さ5～6cm程度以内の場合）

- **体温測定**
  （水銀体温計・電子体温計による腋下での計測および耳式電子体温計による外耳道での計測）

- **自動血圧測定器による血圧の測定**

- パルスオキシメーターの装着
  （入院治療の必要がない者に対する場合）

- 軽微な切り傷、擦り傷、火傷、汚れたガーゼなどの交換処置
  （専門的な判断や技術を要しない場合）

- 爪切り、爪ヤスリによるやすりがけ
  （爪や、その周囲の皮膚に化膿や炎症がなく、
  糖尿病などの疾患に伴う専門的な管理が必要
  でない場合）

つめ

皮膚

- 歯ブラシや綿棒などを用いた歯、口腔粘膜、舌の汚れの除去
  （重度の歯周病などがない場合）

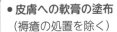

- 耳垢の除去（耳垢塞栓の除去を除く）

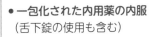

耳　歯

- 皮膚への軟膏の塗布
  （褥瘡の処置を除く）

- 皮膚への湿布の貼付

- 点眼薬の点眼

軟膏　湿布　点眼薬

- 一包化された内用薬の内服
  （舌下錠の使用も含む）

- 肛門からの坐薬挿入

- 鼻腔粘膜への薬剤噴霧

内服薬　点鼻薬　坐薬

※患者の状態が安定し、医師や看護師などの経過観察を要さない、医薬に関する専門的な配慮の必要がないことを医療職が確認し、医療免許資格者でない者による医薬品の使用介助ができることを本人または家族に伝え、本人または家族の依頼により医師の処方を受け、事前に患者ごとに区分し授与された医薬品について、医師などの処方および薬剤師の服薬指導のうえ、看護職員の保健指導・助言を遵守した医薬品の使用を介助する場合

帯状疱疹

▌潜伏していたウイルスによる発疹や水疱

水痘帯状疱疹ウイルス（ヘルペスウイルス）が、脊髄に長く潜伏した後、皮膚に伝わり、疲労や免疫力の低下、ストレスなどを誘因として再び活性化して発症する。神経痛に似た痛みを伴い、発疹や水疱が出現する。通常、3週間程度で皮膚症状は消失する。感染性なので、免疫が弱い小児、高齢者、妊婦で水痘（水ぼうそう）に罹患したことのない人に対してはとくに配慮が必要である。

▌症状

【発症中】●帯状の赤い発疹　●水疱　●かゆみ　●神経痛のような疼痛
　　　　●発熱　●潰瘍など
【治癒後】●しびれ　●知覚過敏　●帯状疱疹後神経痛

▌治療法

- **薬物療法**　抗ウイルス薬（神経症状を及ぼす危険があるため、投与後にせん妄・妄想、意識障害などが出ないか観察する。また呼吸器系、肝疾患のある人には息苦しさ、動悸、吐き気などが出現する可能性もあるため、留意する）
  鎮痛剤（痛みに対しては消炎鎮痛剤や副腎皮質ステロイドなどを用いる）
  重症の場合は入院のうえ点滴する
- **栄養管理**　低栄養状態もリスクとなる
- **神経ブロック療法**　鎮痛目的で行うことがある

高齢者の場合ここに注意！！

①水痘に罹患したことのない人には感染する可能性があり、とくに免疫力が低い高齢者には配慮が必要
②皮膚症状が治まった後も帯状疱疹後神経痛が残りやすい

アセスメントのポイント

- ☑ 痛みによる日常生活動作の支障はどの程度か
- ☑ 精神面での影響はあるか
- ☑ 長く痛みが残る帯状疱疹後神経痛はないか

ケアプラン作成のツボ

今後の見通しと支援

早期発見・早期治療をすれば、一般的に後遺症は少なく予後は良好ですが、高齢者の場合は重症化しやすく、帯状疱疹後神経痛が長期間残ることがあります。日常生活においては、免疫力を高められるよう援助します。

日常生活の留意点

- 痛みが激しいと、患部をかばって転倒する危険があるため、転倒予防に留意します
- 規則正しい生活を心がけて、栄養と睡眠を十分にとれるように配慮します
- 患部はむやみに触らず、清潔を保ちます
- 発疹が悪化する可能性があるため、飲酒は避けます
- 患部は冷やさずに、できるだけ温めて血行をよくします
- まれに髄膜炎や脳炎を起こすことがあります。顔や頭に帯状疱疹がある場合、発疹がほかの部位に広がった場合、頭痛、首の痛み、高熱、ものが二重に見えるなどの症状が出た場合はすぐに受診が必要です

医療連携のポイント

- 帯状疱疹後神経痛について確認する
- 合併症が疑われる場合の症状について確認する

副作用・治療の影響

帯状疱疹のあとに神経痛（帯状疱疹後神経痛）や顔面神経麻痺などの後遺症が残る場合は、別途治療やリハビリテーションが必要となる

皮膚

皮膚掻痒症・皮脂欠乏症・脂漏性皮膚炎

▌かゆみや湿疹を伴う3疾患

いずれも皮膚に発疹やかゆみを生じる疾患。皮膚掻痒症では、症状は全身に現れる場合と陰部などに限られる場合がある。加齢などによる表皮の水分減少、ほかの疾患（糖尿病・肝疾患・血液疾患など）、薬剤の副作用、ストレスなどが原因として指摘されている。

皮脂欠乏症では、表皮の脂の減少に伴い水分も減少し、皮膚の乾燥が生じる。加齢に伴い女性に多くみられる。

脂漏性皮膚炎では、頭や顔にフケ状の鱗屑を伴う湿疹が生じる。小児では毛穴が未発達なために発症し、成人では皮膚常在菌のマラセチア属真菌の異常増殖によるとされている。

▌症状

【皮膚掻痒症】●全身あるいは外陰部に限局したかゆみ

【皮脂欠乏症】●皮膚の乾燥　●ひび割れ（膝から下に好発）

【脂漏性皮膚炎】●鱗屑の付着した紅斑（頭や顔）　●弱いかゆみ

▌治療法

- ●薬物療法　かゆみに抗ヒスタミン薬、炎症にステロイド外用薬、乾燥に保湿薬など。脂漏性皮膚炎では原因菌に対し抗真菌薬も投与される
- ●保湿・水分摂取　全般的に皮膚の水分不足がリスクとなる。とくに皮膚掻痒症では保湿・水分補給に努める
- ●刺激物の使用停止　整髪料などが脂漏性皮膚炎の原因となることもあるので、使用を中止する

高齢者の場合ここに注意！！

①皮膚が乾燥しやすいので、皮脂欠乏症予防のため、保湿に留意

②皮膚が弱く、発疹・湿疹・紅斑となりやすいので、入浴時などにタオルで身体をこすりすぎないようにする

アセスメントのポイント

☑ どのようなときにかゆみが出るか

☑ かゆみに対してどのような対応を行っているか

☑ かゆみが日常生活に及ぼす影響には何があるか

ケアプラン作成のツボ

今後の見通しと支援

一時的なステロイド外用薬の使用や保湿を続けることにより、症状は軽くなります。かき壊しがあると感染することがあるので、かゆみを抑え、患部を清潔に保てるようにします。

日常生活の留意点

- 皮脂欠乏症では、ぬるめのお風呂に入る、石けんを使いすぎないなどのくふうにより、皮脂を取りすぎないように留意します
- 乾燥する季節では、加湿器を使って室内の湿度を保つようにしましょう
- 下着や寝具は肌触りのよいものを選びます
- 皮膚掻痒症では、アルコールなどの刺激物は、かゆみを増強することがあるので控えます
- 脂漏性皮膚炎では、患部を清潔に保ち、生活リズムを整え十分な睡眠をとります。食生活では、ビタミンBの多いものを積極的に摂るようにします

医療連携のポイント

- 医師の診察に基づく治療方針を確認

副作用・治療の影響

ステロイド外用薬を長期的に使用することは避ける

皮膚

白癬
はく せん

▌水虫も爪白癬も、どちらも同じ菌による皮膚感染症

真菌（カビ）の一種である皮膚糸状菌（白癬菌）が皮膚に感染して起こる疾患を白癬という。感染する部位により、足白癬（水虫）、爪白癬、手白癬、体部白癬（ゼニたむし）、股部白癬（いんきんたむし）、頭部白癬（しらくも）、ケルスス禿瘡などがある。白癬菌はじゅうたん、畳、寝具、足拭きマット、靴やスリッパなど、あらゆるところに潜伏しているので、掃除や洗濯をまめにする。また、感染予防のため、枕・タオル・足ふきマット・スリッパなどは本人専用にし、共有しない。身体を清潔にし、とくに足の指の間はしっかり洗い、きちんと拭いて、よく乾燥させる。温度・湿度が高い環境で繁殖が活発になるため、梅雨から夏はとくに注意が必要である。

▌症状

【足白癬】●激しいかゆみ　●足の指の間が赤く腫れる　●足裏に水疱ができる　●足裏・かかとの角質が硬くなる

【爪白癬】●爪が厚くなり、白濁する

【体部白癬】●赤い発疹ができ、輪状に広がる

【頭部白癬】●頭皮の炎症と脱毛。頭部白癬にステロイド薬を外用し重症化したのが、ケルスス禿瘡

▌治療法

●薬物療法　抗真菌薬、抗白癬剤

※角質増殖型足白癬、爪白癬、ケルスス禿瘡など、あるいは広範囲、難治性、再発性の症例では内服薬も使う

高齢者の場合ここに注意！！

症状が改善したからといって自己判断で治療をやめない。菌がなくなるまで、医師の指示に従い治療を継続する

アセスメントのポイント

☑ 糖尿病など注意を要する基礎疾患はないか
☑ 感染対策への本人の理解はどうか
☑ 治療の状況の確認

ケアプラン作成のツボ

皮膚

今後の見通しと支援

白癬があると、患部から別の細菌に感染しやすくなります。とくに糖尿病の基礎疾患がある人は注意が必要です。

日常生活の留意点

- 白癬は感染するため、足の爪切り、スリッパや足ふきマットなどの共用は避けます。床もよく拭いて、清潔を保ちます
- 症状がなくなっても菌が角質内に残存していることがあります。医師の指示に従い治療を継続すること、自己判断でやめないことが必要です
- 患部は石けんでよく洗い、清潔を保ちます
- 足の通気性をよくします

医療連携のポイント

- 医師の指示どおりの通院や検査を継続

副作用・治療の影響

爪白癬の内服薬は、肝臓に負担がかかるため、内服中1か月に1回は肝機能の検査を行う

爪白癬（爪水虫）

白癬菌が爪の中に侵入した状態。爪の表面が肥厚・変色していたり、ぼろぼろになっていたり、まわりに炎症があるといった場合には受診をすすめる。

 感染症

疥癬
（かい せん）

高齢者施設などで集団発生することもある感染性皮膚疾患

ヒゼンダニが皮膚に寄生し繁殖することで発生する。潜伏期間は２週間～１か月で、発症すると激しいかゆみを生じる。

通常の疥癬と、かゆみは少ないが感染力の強いノルウェー疥癬（角化型疥癬）の２種類に区分される。ノルウェー疥癬に対しては隔離が必要で、状況によっては入院することもある。

人から人へ直接感染するほか、寝具やタオルを介して感染することもある。ヒゼンダニは体長0.2～0.4mmで、観察にはダーモスコープ（皮膚の表面を、10～30倍に拡大・観察できる診断器具）が必要となる。

症状

【通常疥癬】●激しいかゆみ　●疥癬トンネル（ヒゼンダニが皮膚表層にトンネルをつくり産卵する）　●紅斑性小丘疹（胸腹部、腋下）　●結節（外陰部）

【ノルウェー疥癬】●皮疹（灰色から黄白色）　●牡蠣殻のような角質増殖（手・足・臀部）

治療法

● **薬物療法**　飲み薬や塗り薬でヒゼンダニを駆除する
● **手洗い**　● **清掃**　感染を防ぐために行う
● **消毒**　50℃、10分で死滅する
● **予防衣・手袋**　感染力の強いノルウェー疥癬の場合に使用

高齢者の場合ここに注意！！

①認知症や意識障害のある人は、薬を塗った部位や指を舐めないように観察が必要となる
②通常１～２か月で完治するが、高齢者は長引くことがある

アセスメントのポイント

☑ 免疫力を低下させる基礎疾患はあるか

☑ 全身状態はどうか

☑ 清潔を保つために必要なことは何か

ケアプラン作成のツボ

今後の見通しと支援

通常の疥癬は、感染してから2週間から1か月の潜伏期間のあとに発症しますが、ノルウェー疥癬の潜伏期間は7日間前後と短いです。とくにノルウェー疥癬は感染しやすいので、感染を広げないための対策が重要です。

日常生活の留意点

● ノルウェー疥癬では、一定期間の個室管理が必要です。接するときは、手袋を着用します。落屑（患部からはがれ落ちた皮膚片）にも直接触らないように注意しましょう

● ノルウェー疥癬では、衣類や寝具の交換時にはすぐビニル袋に入れ、ほかの衣類と分けて洗濯します

● ダニは50℃以上で死滅するので、洗濯の際に熱湯をかけるのも効果的です。また、日光に十分あてることも駆除に有効です

● 通常の疥癬では、短時間の接触での感染の心配はなく、個室管理の必要もありません

● 日常生活上の制限はありません。入浴も可能です

医療連携のポイント

● 治療方針の確認

副作用・治療の影響

虫体や卵が生存している間は、副腎皮質ステロイド剤は使用しない

感染症

 感染症

インフルエンザ

▌全身症状が激しく、重い合併症を引き起こしやすい

インフルエンザウイルスが、空気や咳、くしゃみなどの飛沫に混ざって呼吸器などに侵入感染する疾患。発症すると、高熱や倦怠感を急激に発症し、とくに小児と高齢者は重症化しやすい。ウイルス（主にA型・B型・C型）は1週間程度体内に滞留する。インフルエンザウイルスは温度・湿度の低い環境で増殖しやすいため、とくに12～4月ごろにかけて流行しやすく、感染は拡大しやすい。

▌症状

【発症時】●高熱　●倦怠感　●頭痛　●関節痛　●筋肉痛
【重篤時】●肺炎、脳症などの合併症

▌治療法

【発症時】●発症後すぐに受診し、感染後約48時間以内なら抗インフルエンザ薬（リレンザ、タミフル）を投与する
【発熱時】●解熱するまで隔離した環境で治療する

高齢者の場合ここに注意！！

①高齢者は症状が乏しく、感染しても平熱に近いこともあるので、食欲不振や咳、痰の増加、臥床時間が長いなど、普段と違う様子がないか注意を払う必要がある
②主にリスクの高い人（65歳以上の高齢者と、60歳以上の心肺疾患をもつ人）に対して、重い合併症を予防する目的で、予防接種費用助成制度がある

アセスメントのポイント

- ☑ 全身状態はどうか
- ☑ 水分や栄養は摂れているか
- ☑ 部屋の湿度など療養環境は適切か

ケアプラン作成のツボ

今後の見通しと支援

慢性疾患をもつ高齢者がインフルエンザウイルスに感染すると、肺炎などを伴い重症化に至ることがあります。インフルエンザワクチンは毎年接種することが推奨されます。かかってしまった場合は、安静にして合併症を防ぎます。

日常生活の留意点

- 咳や痰以外に、関節痛などインフルエンザの兆候がみられたら、早めの受診をすすめます
- 室温は20〜26℃程度、湿度はウイルスが増殖しにくい50〜60%を保つようにします
- 水分は十分に摂取します。お茶、ジュース、スープなど、本人が飲みやすいものでよいでしょう
- 食欲が出てきたら茶碗蒸し、おかゆなど水分が多く消化のよい食事とします

医療連携のポイント

- 感染対策についての情報共有

副作用・治療の影響

インフルエンザには市販の総合感冒薬は効かないので自己判断で薬を服用しない

使える制度 ▶▶▶ 高齢者インフルエンザ予防接種（予防接種法に基づく定期接種）

感染症

MRSA（メチシリン耐性黄色ブドウ球菌）感染症

抗菌薬が効かない菌のため、除菌が困難な疾患

MRSA（メチシリン耐性黄色ブドウ球菌）による感染症は、抗生物質への耐性があるため、治療が困難な場合が多い。体力のある人が感染しても発症しないが、抵抗力の弱い高齢者や手術後の人、がんや糖尿病などの患者、抗菌薬を長期間服用している人などは感染に注意が必要。保菌者・感染者との接触や医療器具を介して感染することが多い。院内感染も起こりやすく、肺炎や敗血症などを引き起こす。ただし保菌者に対し、とくに除菌などをする必要はない。

症状

【髄膜炎】●発熱　●けいれん
●嘔吐　●意識障害
【肺炎】●発熱　●呼吸困難
【腹膜炎】●腹痛　●発熱
【腸炎】●発熱を伴う下痢
【敗血症】●多臓器不全

治療法

● **薬物療法**　多くの抗菌薬に対して耐性があるため、治療が難しい。早期ほど治療の効果が高いので、早くMRSAに気づくことが大切
● **生活指導**　うがい、手洗い、手指の消毒など、予防に重点を置く

高齢者の場合ここに注意！！

がんや糖尿病などの人、抗菌薬を長期間服用している人、寝たきりの高齢者などは感染しやすいので注意する

☑ 抗菌薬の長期服用、手術後など免疫力低下の要因となる
　ものはないか
☑ 療養環境は適切か
☑ 介護者、家族の清潔ケアはできているか

ケアプラン作成のツボ

今後の見通しと支援
高齢者や体力が低下した人では、完治が困難で、重症化すると肺炎、敗血症、尿路感染症などを合併することもあります。在宅療養の場合は、日常の感染対策を行えば特別な対策は必要ありません。

感染症

日常生活の留意点
- 日常的な感染対策として、流水と石けんによる手洗いと消毒薬による手指消毒を励行します
- 誤嚥性肺炎の予防のため、口腔ケアはていねいに行います
- 健康な人であれば、MRSAを保菌していても発症はしませんが、感染源とならないよう、家族や介護者も清潔ケアに留意します
- MRSAを保菌していても、訪問入浴介護などの利用は可能です。感染対策については、医師に事前に確認をとるとよいでしょう

医療連携のポイント
- 感染時の入浴の方法や留意点について確認

副作用・治療の影響
MRSAに効く可能性のあるバンコマイシンも、副作用として、高齢者では腎機能障害や肝機能障害が起こることもある

ノロウイルス感染症

▌感染力が強く、冬場になると集団感染が発生することもある

ノロウイルスが体内に侵入感染して起こる食中毒の症状。経口感染が多く、ウイルスに汚染された食品や飲料水、感染者が取り扱って汚染された食品、感染者の排泄物などを媒介とする。夏場よりも12月〜1月の冬場に発生しやすい。

▌症状

- 下痢　● 嘔吐　● 腹痛　● 発熱　● 呼吸器症状
- 突然、嘔吐・下痢が起こる。食後12〜48時間に症状が現れ、通常、数日で軽快
- 軽症の場合は、悪心程度で終わる
- 重症になると、脱水症状が出現。まれにけいれん、腸重積（腸管の一部が腸管腔内へ入り込む）などが起こる

▌治療法

※輸液で栄養や水分を補う。
※消化がよく栄養価の高い食事と水分摂取を頻回に行う

高齢者の場合ここに注意！！

下痢が続くときは水分補給を十分に行い、脱水に注意する

アセスメントのポイント

☑ 現在の症状はどうか

☑ 水分や栄養は十分に摂れているか

☑ 下痢などの症状は出ているか

ケアプラン作成のツボ

今後の見通しと支援

高齢者や小児の場合、重症化したり、嘔吐した物を気道に詰まらせて死亡することもあり、注意が必要です。抗ウイルス薬がなく、対症療法となります。そのため、二次感染を防ぐ対策が重要です。

日常生活の留意点

● 水分と栄養の補給を十分に行い、脱水症状を起こさないようにします

● 患者の便や吐しゃ物には大量のウイルスが排出されます。使い捨てのガウン（エプロン）、マスクと手袋を着用してペーパータオルなどで拭き取り、さらに次亜塩素酸ナトリウムで消毒（⇨p.212）後、水拭きをします

● おむつや拭き取りに使用したものはビニル袋に密閉して廃棄します

● ノロウイルスは乾燥すると空気中に漂い経口感染することがあるので、手早く処理することが大切です

● 感染者が使用した食器などはほかのものとわけて、食後すぐに次亜塩素酸ナトリウム液に十分浸し、消毒します

医療連携のポイント

● 感染予防対策について確認

副作用・治療の影響

止痢薬（いわゆる下痢止め薬）は、病気の回復を遅らせることがあるので原則使用しない

感染症

O157
おー いち ごー なな

（腸管出血性大腸菌感染症）
ちょう かん しゅっ けつ せい だい ちょう きん かん せん しょう

▎毒性が強く、高齢者では重症化することもある腸炎

大腸菌のほとんどは無害だが、中には下痢を起こすものがあり、O157はそのひとつ。毒性が強く、腸炎の中では最も注意を要する疾患のひとつ。O157は牛の大腸をすみかとしており、その腸内容物に汚染された水や食べ物（生または加熱不十分な牛肉、内臓、サラダなど）の摂取により感染する（経口感染）。また少ない菌量で感染するため、感染した人から人へ二次感染する（接触感染）。溶血性尿毒症症候群や脳症などの重い合併症を起こすことがあり、毎年死者も出ている。国内では監視が必要な3類感染症。

▎症状

- 激しい腹痛 ●発熱（軽度） ●下痢 ●水様便 ●血便
- 典型的な症状の現れ方は、3〜4日の潜伏期間の後、激しい腹痛と水分が主体のシャーッと出る便（水様便）が頻回に起こり、1〜2日後には血の混じった下痢（血便）が出現する。38℃以上の高熱が出ることは少ない
- 抵抗力のある成人では、感染しても自覚症状がほとんどなかったり、軽い下痢で終わることが少なくない。その場合でも、便には菌が混じって排泄されているので、感染を広げないための予防が必要

▎治療法

- **薬物療法** 抗菌薬の経口投与
※（下痢に対して）輸液と安静
※基本は腹痛などに対する対症療法

高齢者の場合ここに注意！！

発症後1週間前後に溶血性尿毒症症候群や脳症などの重い合併症を起こすことがある。小児と高齢者に起こりやすい

アセスメントのポイント

- ☑ 現在の容態はどうか
- ☑ 二次感染を防ぐ対策はできているか
- ☑ 服薬状況はどうか

ケアプラン作成のツボ

今後の見通しと支援

適切な治療で治癒しますが、高齢者や体力の低下した状態では、溶血性尿毒症症候群や脳症などの重い合併症を起こすことがあります。感染力が強いため、「菌をつけない」「増やさない」「殺菌」対策が重要です。

日常生活の留意点

- 安静にして水分を補給し、消化しやすい食事を摂ります
- 本人や家族、介護者は食事前やトイレの後などに十分な手洗いを行います
- 新鮮でも、生肉は十分に加熱します
- 患者の便を処理する場合（おむつの交換など）には使い捨てのエプロン・手袋などを使用します
- できるだけ浴槽につからず、シャワーまたはかけ湯を使います。浴槽に入る場合は、ほかの人とは別に入るようにします

副作用・治療の影響

止痢薬は腸管残留物の滞留時間を延長し、ベロ毒素の吸収を助長するので原則使用しない。自己判断で服用しないこと

医療連携のポイント

- どのようなときに受診が必要か確認

感染症

おさえておきたい！プラスα

➕ 感染症対策

ノロウイルス感染症や**O157**は、**二次感染を防ぐ**ため、吐しゃ物や排泄物の処理を行う際には、十分な注意が必要です。

吐しゃ物などを処理する場合の注意

- 処理を行う際には、必ずマスクと手袋をします。**使い捨てのもの**が望ましく、またエプロンも使用するとよいでしょう。
- 感染者の吐しゃ物や排泄物が付着した衣類を洗う場合
  ①ほかのものと一緒にせず単独で手洗いをする
  ②消毒後、高温乾燥を行う
  【消毒方法】
  ・**塩素系漂白剤（次亜塩素酸ナトリウム）**の水溶液（塩素濃度200ppm）に漬ける。
  ・85℃以上の熱水で1分以上**加熱殺菌**。
- 吐しゃ物などが付着した床や家具などは、塩素系漂白剤で消毒し、その後拭き取ります（ノロウイルスはエタノールなどのアルコールに対する抵抗力が高いため、消毒には次亜塩素酸ナトリウムを使用する）。
- 吐しゃ物が乾燥するとウイルスが飛散しやすくなるため、処置は速やかに行います。
- 使用したペーパータオルなどは、ビニル袋に入れ、口をしっかり閉じて廃棄します。
- 処理後は**換気**を行い、しっかりと手洗いをします。

予防

- 調理や食事の前、トイレの後は石けんを使って手洗いをし、**アルコール**で手指を消毒します。
- O157は熱に弱く、75℃で1分間の加熱により死滅するので、調理時にはしっかり火を通します。
  【目安】中心の温度が**100℃で5秒**程度、**75℃で1分以上**

✚手洗いの方法

手洗いは重要な意味をもつ**衛生管理方法**です。介護の現場ではとくに、普段から意識して行いましょう。

1 流水で目に見える汚れを落とす

2 液状石けんを使い、手のひらをこすり合わせてよく泡立てる
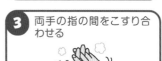

3 両手の指の間をこすり合わせる

4 手の甲をもう片方の手のひらでこする

5 指先を立ててもう片方の手のひらでこする

6 親指をもう片方の手で包んでこする

7 手首をもう片方の手で包んでこする

8 流水でよくすすぐ（15秒以上）

9 ペーパータオルや清潔なタオルで拭く

10 水栓を閉めるとき直接手で触れない

感染症

敗血症
はい　けつ　しょう

▌細菌による血液の感染症　短期間で重症化し多くの臓器に影響

敗血症は、感染症を起こしている部分から血液中に細菌が入り込み、重篤な全身症状を引き起こす。血液中に細菌が入り込む誘因としては、肺炎などの呼吸器感染症、腎盂腎炎などの尿路感染症、胆嚢炎・胆管炎、褥瘡感染などのほか、血管内留置カテーテルからの感染などもある。健康な状態の人が突然かかることは原則なく、高齢者や悪性腫瘍、血液疾患、糖尿病、肝・腎疾患、膠原病といった基礎疾患のある人、手術後の状態の人、抗がん薬投与や放射線治療を受けて白血球数が低下している人、副腎皮質ホルモン薬や免疫抑制薬を投与されて感染に対する防御機能が低下している人などが、敗血症を起こしやすいので注意が必要。短期間で重症化し、多くの臓器に影響を及ぼす。

▌症状

●悪寒・戦慄（ふるえ）を伴う発熱　●低体温　●心拍数・呼吸数の増加　●血圧低下、意識障害を起こしショック状態となる場合もある（敗血症性ショック）　●多臓器障害症候群（MODS）

▌治療法

●**薬物療法**　抗菌薬、昇圧剤、補液
※呼吸不全・肝不全・腎不全に対しては、人工呼吸管理、持続的血液濾過透析、血漿交換などを必要に応じて行う

高齢者の場合ここに注意！！

糖尿病がある人や高齢者は、自覚症状が乏しいこともあるのでとくに注意が必要

☑ 糖尿病などの慢性疾患、がん治療中などの発症リスクはあるか

☑ カテーテル利用、医療器具などを使用しているか

☑ 全身状態はどうか、免疫力の低下はないか

ケアプラン作成のツボ

今後の見通しと支援

高齢者では一般に予後は不良です。重症の場合には、血圧降下、無尿、敗血症性ショック（細菌性ショック）を起こして、最悪の場合は死に至ることがあります。早期発見により適切に医療につなげることが大切です。

感染症

日常生活の留意点

● 敗血症は、傷口からの細菌の侵入でも生じます。化膿している傷などがある場合はすぐに治療することが必要です

● 虫歯やおできも発症の原因となります。放置せずに受診をすすめましょう

● 褥瘡から感染する褥瘡感染症も敗血症の原因となることがあります。医療職との連携で感染症を引き起こさないことが大切です

医療連携のポイント

● 感染症にかかっている場合で、突然の高熱、体温低下、心拍や呼吸が速くなる、血圧の低下などの症状がみられたらすぐに受診する

215

白内障

_{はく}_{ない}_{しょう}

80代のほとんどの人が発症する白内障

眼球の中の水晶体が変性し、白濁する疾患。遺伝による先天性、加齢による老人性、糖尿病や甲状腺機能障害などに起因する代謝性などがある。また、外傷、網膜や視神経の障害、アトピー性疾患、低栄養、紫外線、薬の副作用などからも起こるとされる。文字が見えづらい、かすんで見えるなどの症状があるが、日常生活に支障がない場合は点眼薬で進行を遅らせる。

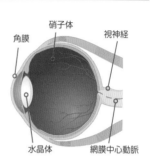

角膜　硝子体　視神経　水晶体　網膜中心動脈

症状

●文字が見えにくい　●目がかすむ　●羞明（光をまぶしく感じる）　●眼球の中心部が濁って見えにくい

治療法

【初期】●**薬物療法**　点眼薬の投与

【進行】●**手術**　濁った水晶体を除去し、眼内レンズ（人工の水晶体）を挿入する手術を行う。日帰り手術や短期入院が可能

※手術後は、感染症予防のために薬物治療を行う

高齢者の場合ここに注意！！

白内障は糖尿病の合併症として起こりやすいので、並行して原因疾患の治療にも専念してもらう

アセスメントのポイント

- ☑ 視力低下がどの程度進んでいるか
- ☑ 基礎疾患に糖尿病はあるか
- ☑ 視力低下による日常生活での支障はどの程度か

ケアプラン作成のツボ

今後の見通しと支援

白内障は加齢に伴い発症し、軽度も含めればほとんどの高齢者が罹患します。日常生活に支障をきたした場合には、手術治療が検討されます。白内障の予防や進行を抑えることが重要です。

日常生活の留意点

- 糖尿病になると、白内障が進行しやすくなります。普段から食生活と運動に留意して、生活習慣病の予防に気をつけましょう
- 強い赤外線や紫外線は避けます。とくに春から初夏にかけては紫外線の量が増えるので、帽子、日傘、サングラスなどで紫外線対策をします
- 朝や夕方の太陽光は、紫外線が目に入りやすいためサングラスをかけることをすすめます
- 見えにくい場合、視力低下を補助する用具も活用できます

医療連携のポイント

- 手術の可否など今後の治療方針の確認
- 点眼薬などの用法・用量などの確認

感覚器官

■必要な福祉用具・医療機器

視力補助具（ルーペ、
拡大読書器、遮光眼鏡など）

使える制度 ▶▶▶ 一定の条件
を満たした場合：身体障害者
手帳　障害年金

◀拡大読書器

緑内障
りょく　ない　しょう

▌高齢者がかかる代表的な目の病気のひとつ

眼圧が異常に上昇することにより視神経が萎縮し、視力が低下する疾患。視神経は萎縮すると回復が難しく、ほうっておくと失明に至る。視神経が弱いことから眼圧が正常でも発症するケース（正常眼圧緑内障）や、糖尿病による合併症、薬の副作用、先天性、原因不明の急性などがある。自覚症状がないまま病気が進行してしまうもの（慢性緑内障）がほとんどである。

▌症状

●眼圧の上昇　●眼痛　●視野狭窄（視野が狭くなる）　●暗点（見えないところ）の出現　●視野欠損（視野が欠ける）

【急性緑内障】●急激なめまい　●吐き気　●失明

▌治療法

● **薬物療法**　点眼薬、内服薬
● **手術**　（薬の効果がみられない場合）レーザー治療
※治療はあくまでも進行を遅らせるためのものであり、一度失った視野・視力は治療をしても回復しない

高齢者の場合ここに注意！！

①眼圧はいったん安定しても治療を中断するとまた変動するので、定期的に検査を受け、視野障害が進行していないことを確認する。緑内障は生涯にわたる管理が必要となる
②血圧、心臓、呼吸器に影響を及ぼす治療薬があるので、服薬後の様子を観察する

アセスメントのポイント

- ☑ 視野の欠損、視力低下はどの程度進んでいるか
- ☑ 視覚障害により生活上どのような支障があるか
- ☑ ほかにどのような薬を服薬しているか

ケアプラン作成のツボ

今後の見通しと支援

自覚症状がないままにゆっくりと症状が進みます。自覚症状がなくても、気にかかる兆候がある場合は、早期の受診を支援します。緑内障と診断された場合には、点眼などの治療と同時に、生活習慣を改善することが大切です。

感覚器官

日常生活の留意点

- 栄養バランスのとれた食事を摂り、睡眠をしっかりとります
- 自覚症状がなくても、定期的な検査を受けるようすすめます
- 日常生活での制限はとくにありません
- ストレスや興奮は、眼圧上昇の原因となるので、穏やかな生活をおくれるように配慮しましょう
- 水分は一度に大量に摂ると眼圧があがりますが、常識的な量で水分を摂る分には問題ありません

副作用・治療の影響

抗コリン作用をもつ薬は、眼圧の上昇をもたらすため使用は禁忌、または慎重投与となる。抗パーキンソン薬、狭心症治療薬にも注意が必要

医療連携のポイント

- 使用禁忌となる薬、副作用の確認
- 眼科以外の受診時には緑内障であることを伝える

使える制度 ▶▶▶ 一定の条件を満たした場合：身体障害者手帳　障害年金

加齢黄斑変性
（か）（れい）（おう）（はん）（へん）（せい）

▌症状が進めば、失明に至ることも

視細胞が集中している黄斑の萎縮などにより、機能が低下する。2つの
タイプがあり、治療方針などが異なる。

【萎縮型】加齢による黄斑の萎縮が原因。進行は遅く、萎縮部分が中心窩
に及ばない限り、重度の視力障害にはならない。とくに治療は行わない
が、滲出型に変化することもあるた
め、定期的な通院を要する。

【滲出型】新生血管（通常は存在し
ない異常な血管）が脈絡膜から発生
し、網膜側に伸びてくる。新生血管
は、血管壁がもろく、血液などがも
れ出すことにより症状の悪化をもた
らす。進行は早い。

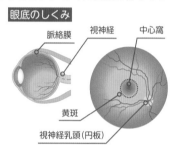

眼底のしくみ

脈絡膜／視神経／中心窩／黄斑／視神経乳頭（円板）

▌症状

● 視力の低下　● 変視症（歪んで見える）　● 暗く見える　● 視野の中心
が歪む　● 視野の中心が見えなくなる

▌治療法

● **薬物療法**　新生血管が中心窩に及んでいる場合は、抗VEGF薬を注射
し、新生血管の発育を止める

● **手術（レーザー光凝固術）**　新生血管がまだ中心窩に及んでいない場
合、レーザー光で焼き、進行を止める

● **光線力学療法**　新生血管が中心窩に及んでおり、視力が0.5以下の場
合、高温にならないレーザー光を用い血管を凝固させる

高齢者の場合ここに注意！！

自覚症状があっても、加齢のためと思い込んでいる場合が多い。定期的に
眼底検査などを行うことが早期治療のポイントとなる

アセスメントのポイント

☑ 視野障害はどの程度進んでいるか

☑ 現在の症状に伴い、どのような生活上の支障があるか

☑ 定期的な通院はできているか

ケアプラン作成のツボ

今後の見通しと支援

適切な治療をすれば、多くは失明までは至りません。片眼に発症した場合、経過とともにもう片方の目にも発症することが多いため、定期的な受診が大切です。見えにくい場合は視力補助具などをすすめましょう。

日常生活の留意点

● 発症予防や、進行を遅らせるためには、禁煙が非常に重要です

● 食事では、抗酸化作用のある緑黄色野菜を多めに摂ります。肉よりも魚がよいです。ビタミンC、ビタミンE、βカロチン、亜鉛などを含んだ食品も意識的に取り入れます

● サングラスやつばの広い帽子、日傘などで、強い光から目を守ります

● 視力が落ちた人でも見えやすくなるさまざまな視力補助具について情報提供しましょう

医療連携のポイント

● 定期的な眼科への通院

使える制度 ▶▶▶ 一定の条件を満たした場合：身体障害者手帳　障害年金

感覚器官

顎関節症

痛くて口が大きく開けられない、カクカクする

顎関節症とは、顎の関節を構成する骨・筋肉・靭帯などのバランスが崩れて顎関節周辺に痛みや障害が起こることをいう。原因はさまざまあり、噛み合わせが悪い、歯の喪失、歯痛、頭部や頸部の外傷などのほか、うつぶせ寝や歯ぎしり、歯を噛みしめる、いつも同じ側の歯で食べ物を噛む、ほおづえをつくなどの日常の癖や動作も原因となる。自然に症状が軽減することがあるので、痛みがなく日常生活に支障がなければ、積極的な治療は必要ない。

症状

● 顎が痛む（顎関節痛）　● 口が開かない（開口障害）　● 顎を動かすと音がする（顎関節雑音）　● 顎の歪み、変形　● 顎の違和感　● 噛み合わせの違和感、ずれ

治療法

● **薬物療法**　鎮痛剤、筋弛緩剤の投与
● **スプリント療法**　スプリント（歯列全体にかぶせるプラスチックの板）を使用し、噛みしめ時の顎関節の負担を軽くする
● （上記治療でも痛みが軽快しない場合）関節の中（関節腔内）に局所麻酔をし、ずれた関節円板を徒手的に治す
● （炎症がひどい場合）注射で関節の中を洗い、潤滑剤を注入する

高齢者の場合ここに注意！！

①フランスパン、タコ、イカ、ビーフジャーキーなどの硬い食品や大きな食品を避ける、フルートやサキソホン、バイオリンなどの演奏、格闘技やスキューバダイビングなどを控え、顎関節に負担をかけないようにする
②顎関節の体操や筋肉のマッサージを行うことも有効

アセスメントのポイント

- ☑ 顎関節の痛みの状況はどうか
- ☑ 食事内容や食事の状況はどうか
- ☑ 顎に負荷をかける日常生活上の癖はないか

ケアプラン作成のツボ

今後の見通しと支援

適切な治療を行えば、多くは改善します。顎を安静にし、顎に負荷をかけるような癖がある場合は自覚して改善します。また、硬い食物は避けて痛みをやわらげるくふうをします。

日常生活の留意点

- 日中のくいしばりなどの癖がある場合は、意識して改善できるよう働きかけます
- 顎が前に出る姿勢、猫背、ほおづえは顎関節に悪いといわれます
- 食事の際は必ず左右の歯で同時に噛むようにすすめます
- 緊張の強い部分を温湿布します
- 寝るときの姿勢は、うつぶせよりも仰臥位のほうがよいです
- 本人ができる顎の体操などを取り入れましょう

医療連携のポイント

- 日常的にできる体操などについての評価
- 歯科治療の必要性、治療方針を確認

感覚器官

歯周病
し しゅう びょう

▍誤嚥性肺炎を引き起こす危険性が高まる

病原菌が歯肉や歯周組織に炎症を起こす疾患。歯垢、歯石のほか、唾液の減少、合わない義歯、噛み合わせ、ストレス、高血圧、糖尿病などが原因となりやすい。口内を不衛生にしていると病原菌が増殖しやすくなるため、食後や就寝前の口内清掃は非常に重要となる。痛みなどの自覚症状が乏しいため、進行に気づかないことが多い。歯周病の病原菌が血小板に入り込み血栓をつくりやすくすることで、心筋梗塞、閉塞性血栓性血管炎の発症リスクが高まる。放置すると敗血症などにも移行する。また、誤嚥性肺炎の多くは口内細菌により引き起こされる。

▍症状

- 強い口臭 ● 口腔内のねばつき ● 歯茎の
腫れ ● 出血 ● 歯槽膿漏 ● 歯肉の退縮
- 歯のぐらつき ● ドライマウス ● 口内炎
- 誤嚥による肺炎

▍治療法

- 歯石や細菌の除去
- 禁煙
- 口内清掃の指導

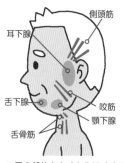

※図の部位をよくもみほぐすことで唾液の分泌を促し、歯周病防止に役立つ

高齢者の場合ここに注意!!

①毎日ていねいに歯磨きをするよう援助する
②介護が必要な場合は義歯の洗浄や口腔清掃をしっかり行うとともに、う歯（虫歯）、欠損歯、腫れ、出血などがないか口腔内の観察を行う

アセスメントのポイント

☑ 歯周病の進行状況はどうか

☑ 口腔の清潔ケアはどのようになされているか

☑ 糖尿病など増悪させる疾患の有無を確認

ケアプラン作成のツボ

今後の見通しと支援

歯周病は全身状態にも関係します。とくに高齢者では、歯周病菌によって誤嚥性肺炎にかかりやすくなるほか、虚血性心疾患や脳梗塞を起こす確率が高くなるといわれます。生活習慣の改善やしっかりとした口腔ケアが大切です。

日常生活の留意点

- 毎食後に、歯ブラシ、歯間ブラシなどを使ってていねいに歯垢を取り除き、清潔に保ちます
- 喫煙は、歯周病の危険因子であり、症状を悪化させます。禁煙をすすめましょう
- 糖尿病があると、歯周病になりやすいといわれます。血糖値が高い場合は、適切にコントロールしましょう
- 歯周病は誤嚥性肺炎のリスクを高めます。口腔ケアを毎日、決まった時間に確実に行えるようにします
- 言語聴覚士などと連携し、口腔機能を向上させる訓練について考慮します

副作用・治療の影響

歯周病の細菌により、動脈硬化、心血管疾患、肺炎などの合併症を起こすことがあり注意が必要

医療連携のポイント

- 定期的な歯科受診により歯と歯肉の状態をチェック

感覚器官

おさえておきたい！プラスα

✚ 義歯の手入れ

義歯は、自分の歯と同様に清潔に保つことが大切です。義歯を装着したままにしておくと、口腔細菌が繁殖し、**疾患や口臭の原因**となります。

● 義歯の種類

義歯には、取り外しができるもの（**総義歯・局部床義歯**）と、できないもの（架工義歯〔**ブリッジ**〕・**インプラント**〔人工歯根〕）があります。

総義歯 (総入れ歯)	
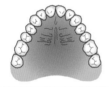	局部床義歯ができないほど歯の残存数が少なかったり、歯がすべて喪失したりした場合に、喪失した歯の歯槽堤 (土手) にフィットした義歯を入れる方法
局部床義歯 (部分入れ歯)	
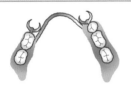	残っている歯に義歯を支えるバネをかけて、装着する方法
架工義歯 (ブリッジ)	
	歯の喪失本数が少ない場合に行われる方法。喪失した歯の両側の残っている歯に冠をかぶせて、それを土台にブリッジをセメントで固定する

インプラント（人工歯根）	
	歯の欠損箇所にインプラント（人工歯根）を埋め込み、歯の形をした冠をかぶせる方法

● **脱着手順の基本**

総義歯は、**下顎から上顎の順に外し、上顎から下顎の順に装着**するのが基本となります。その際、無理な方向に力を入れないように注意します。

● **洗浄**

架工義歯やインプラントの場合は、自分の歯と同様に普通の歯ブラシでブラッシングします。

総義歯、局部床義歯の場合は、**毎食後**に取り外し、義歯用歯ブラシを用いて流水下でていねいにブラッシングします。外した後の口の中は、とくに歯頸部をていねいにブラッシングします。汚れがひどい場合は、**義歯専用の歯磨き粉**を使用するか、ぬるま湯で溶かした**義歯用洗浄剤**に一晩つけておきます。

> 義歯は、高温により材質が変形・変色するなどのおそれがあるため、洗浄の際に熱湯をかけたり、浸けたりする行為は絶対にやめましょう。

● **保管**

義歯は乾燥すると、変形・変色したり、ひび割れが起こったりすることもあるため、外した義歯は必ず水を入れた容器に保管します。

※義歯が合わなくなったら、早めに歯科医の診察をすすめます。

感覚器官

難聴

■原因がはっきりしないことも多い「きこえ」の悪さ

音は外耳から入り、中耳、内耳と伝えられる。内耳で音は電気的信号に変えられ、内耳から先は神経を介して脳に伝えられ、ここではじめて音として認識される。これらの経路のどこに障害があっても「きこえ」は悪くなるが、原因によらず聴力が低下している状態を「難聴」という。

■主な難聴の種類

突発性難聴	あるとき突然難聴になる。通常、片側の耳に起こる。耳鳴りやめまいを伴うこともある。原因は不明だが、ウイルス感染や内耳の血管の血栓症との説もある。治療を開始する時期が早ければ早いほど治りやすいとされる
騒音性難聴	騒音の中で長年就業することにより内耳に過剰な刺激が伝わって感覚細胞が障害され、難聴となる。ロックコンサートやヘッドホンの使用などでも難聴をきたす可能性があるとの説もある。強い爆発音などでは、たった1回でも難聴やめまいを生じることがある
薬剤性難聴	病気の治療に用いた薬剤の副作用によって起こる難聴。通常、両側の耳に同時に起こる。難聴を引き起こす代表的な薬剤には、抗生物質、利尿薬、抗がん薬がある。いずれの薬剤でも内耳の感覚細胞の障害が原因となる
心因性難聴 （ストレス性難聴）	ストレスなどが原因で通常は両側の耳が同時に急激に難聴になる。聴覚機能の障害は認められない。原因と考えられる精神的ストレスを見つけ、その負担を軽くする生活指導や精神科のカウンセリングによって症状の改善を図る
加齢性難聴	生理的な年齢変化によるもの。難聴の程度には個人差がある。最初に高い音が聞こえにくくなり、サ行・ハ行・カ行を聞き間違いやすくなる。会話音域、低音と、加齢とともに進行する。程度によっては補聴器の使用を検討する

高齢者の場合ここに注意！！

聴力の低下に気づいたら、早めの受診を促す

アセスメントのポイント

☑ 「きこえ」の悪さの原因は何か

☑ コミュニケーション能力の低下はどの程度か

☑ コミュニケーション不足によりどんな問題が生じているか

ケアプラン作成のツボ

今後の見通しと支援

加齢性難聴では、治療による改善は期待しにくいため、補聴器を使用し、日常生活の不便を改善します。聞き取りにくいことからコミュニケーション不足となり、認知症やうつのリスクを高めることもあるので注意します。

日常生活の留意点

● 難聴では、耳鳴りが生じやすいとされています。ストレスのない環境に配慮し、頻繁であれば受診をすすめましょう

● 加齢性難聴では、小さい音が聞こえにくく、また高いほうの音がとくに聞こえにくい傾向にあります。むやみに大きな声で話しかけるのではなく、静かな場所で「はっきり」そして「ゆっくり」低めの声で話しかけることが大切です

● 難聴の原因が耳垢塞栓などの場合は、除去することで症状が回復します

医療連携のポイント

● 早期からの耳鼻咽喉科の受診を支援

感覚器官

▌必要な福祉用具・医療機器

補聴器
(耳かけ型)

使える制度 ▶▶▶ 難聴の程度により：
身体障害者手帳　障害年金　障害者
総合支援法（補装具）

鼻炎（花粉症／アレルギー）・蓄膿

■ハウスダストや花粉などが引き起こす鼻の炎症

鼻炎とは、鼻の粘膜で抗原と抗体が反応して、くしゃみや鼻水、鼻づまりなどを起こす病気。季節に関係ない鼻炎を通年性アレルギー性鼻炎といい、花粉などが原因で起こる鼻炎を季節性アレルギー性鼻炎という。花粉が飛散する季節は植物の種類によって決まっている。たとえば関東地方では、スギ花粉が1〜4月、ヒノキ花粉が5〜6月、カモガヤ花粉が6〜8月、ブタクサ花粉が8〜9月、ヨモギ花粉が8〜9月など。通年性の原因は室内塵（ハウスダスト）やダニなど。蓄膿は鼻腔を取り囲む4つの空洞（副鼻腔）に炎症が起こるため副鼻腔炎ともいう。

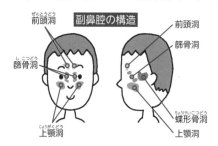

副鼻腔の構造

前頭洞　篩骨洞　上顎洞　前頭洞　篩骨洞　蝶形骨洞　上顎洞

※蝶形骨洞は、正面から見ると、篩骨洞の奥にあります

■症状

- くしゃみ ● 鼻水 ● 鼻づまり ● 目・喉・顔や首の皮膚のかゆみ
- 目の充血 ● 涙が出る ● 集中力の低下 ● だるい ● 熱っぽい ● 倦怠感 ● イライラする

■治療法

- **薬物療法**

  抗ヒスタミン薬、メディエーター遊離抑制薬、抗ロイコトリエン薬、血管収縮薬、局所用ステロイド薬などを、内服のほか、点鼻薬や点眼薬として投与する

アセスメントのポイント

☑ 鼻炎の原因を本人が理解しているか

☑ 症状の悪化する時間帯、きっかけはあるか

☑ 鼻炎により生じている生活上の問題はあるか

ケアプラン作成のツボ

今後の見通しと支援

高齢者では、感染やアレルギーなどがなくても、加齢に伴う鼻粘膜の機能低下で慢性的に鼻水が出やすくなります。過ごしやすい環境調整をしましょう。

日常生活の留意点

- 鼻炎がある場合は、自己判断をせず、まず病院での受診をすすめます
- アレルギー性鼻炎の場合は、可能なかぎりアレルゲンとなるものを除去します
- 外気温が低い場合は、身体全体や手足、足先を温めます
- 起床後に鼻水が出やすいので、自律神経のバランスが保てるよう、質のよい睡眠が十分にとれるよう配慮します

医療連携のポイント

- 風邪との鑑別、治療方針を確認

副作用・治療の影響

風邪だと思い込み、市販の風邪薬を長期に飲んでも効果がない。かえって副作用が出ることがあるので注意

感覚器官

頭頸部（口腔／喉頭）がん

飲食や発声、呼吸に影響するがん

頭頸部がんとは、主に耳、鼻、喉、舌、顔面、首などにできるがんをいう。これらの場所は話す、聞く、食べる、飲む、呼吸をする、においを感じるなど重要な機能をもつため、日常生活に影響を及ぼしやすい。喉頭がんは男性のほうが女性の10倍ほど多く、50〜80歳代で急激に増加する。患者の90％以上は喫煙者とされる。口腔内で最も多いのは舌がんで、男性に多く50〜70歳代で発症することが多い。

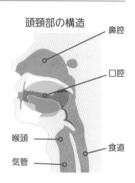

頭頸部の構造

鼻腔
口腔
喉頭
食道
気管

症状

【喉頭がん】●声門：嗄声（声の枯れやかすれ）、呼吸困難、血痰 ●声門上：いがらっぽさ、異物感、痛み、頸部リンパ節の腫れ、嗄声、呼吸困難 ●声門下：進行するまで自覚症状がほとんどない場合もある

【咽頭がん】●上咽頭：鼻水、鼻づまり、鼻血、聞こえにくい、耳が詰まった感じ、目が見えにくい、二重に見える、頸部リンパ節の腫れ ●中咽頭：飲み込むときの異物感、喉の痛み・出血、頸部リンパ節の腫れ ●下咽頭：飲み込むときの異物感、嗄声、痛み、頸部リンパ節の腫れ

【舌がん】●しこり ●舌の違和感 ●舌痛 ●嚥下障害

治療法

●手術 ●化学療法　抗がん剤治療 ●放射線治療
※喉頭がんが進行している場合は、喉頭摘出により声を失うこともある
※舌がんで切除範囲が大きい場合は、舌の再建術を行う

アセスメントのポイント

- ☑ 疾病の影響による生活上の支障は何か
- ☑ コミュニケーション手段の確保はどうか
- ☑ 食事の飲み込みにくさはあるか

ケアプラン作成のツボ

今後の見通しと支援

呼吸、発声、そしゃく、嚥下など生命活動やコミュニケーション、食事にかかわる機能障害が残ることがあります。医療連携による機能回復に向けたリハビリテーションや機能を補助する道具の利用を検討します。

日常生活の留意点

- 禁煙が必要です。飲酒も控えるようにすすめます
- 喉頭摘出をして発声機能が失われた場合には、食道発声法、電気喉頭などの使用で機能を補うことが可能です。筆談ボードなどの手段でコミュニケーションをとることも可能です
- 首や肩の痛みが出ることがあります。理学療法士などの指導による体操を取り入れ、不快感を軽減します
- 嚥下機能に障害がある場合は、食べやすい食形態のくふうや口腔ケアを徹底します

医療連携のポイント

- 今後の治療方針、機能回復訓練などの確認
- 機能回復訓練の評価・実施

がん・その他

使える制度 ▶▶▶ 介護保険の特定疾病（末期の場合）　医療保険の訪問看護適用（末期の場合）
喉頭を全摘出した場合：身体障害者手帳　障害年金　障害者総合支援法（日常生活用具）

※本人への告知の有無についてなど、確認が必要です

食道がん
しょく どう

▌初期症状がなく、検診で見つかることが多いがん

食道とは喉と胃をつなぐ直径1.5cm程度の管状の臓器のことであり、食道がんは食道の内側を覆っている扁平上皮という粘膜に発生するがん
へんぺいじょうひ
を指す。飲酒、喫煙、肥満などが原因とされるが、とりわけ飲酒と喫煙の併用は相乗的に作用してリスクを高める。罹患率、死亡率ともに男性のほうが高く、女性の5倍以上。60〜70歳代に多い。初期には自覚症状がほとんどないため、健康診断などで発見されることが多い。食道の周囲にはリンパ管や血管が豊富なため、がん細胞がリンパ液や血液の流れにより転移しやすい。

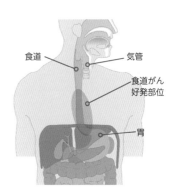

食道 / 気管 / 食道がん好発部位 / 胃

▌症状

【初期】 ●自覚症状がほとんどない場合もある　●喉がしみる

【進行】 ●嚥下障害（とくに固形物）　●つかえ感　●胸痛　●咳　●嗄
か
　　　声（声の枯れやかすれ）　●出血　●体重減少
せい

▌治療法

● **手術**　内視鏡的治療

● **化学療法**　抗がん剤治療

● **放射線治療**

アセスメントのポイント

- ☑ 食事の飲み込みにくさはあるか
- ☑ 食事はどれくらいの量が摂れるか
- ☑ 食欲はあるか

ケアプラン作成のツボ

今後の見通しと支援

手術後でも比較的再発のリスクが高いです。食べるという生理的な欲求や食べることへの楽しみが保てるよう、生活の質を重視した援助を行います。

日常生活の留意点

- 禁煙が必要です。飲酒も控えるようにします
- 飲み込みにくい場合は、食べ物を細かくしてとろみをつけるなど、食べやすくなるようなくふうをします
- 手術で食道を切除すると、小腸に急速に炭水化物が流入してさまざまな不快な症状が現れる「ダンピング症候群」が起こることがあります。食事は何回かに分け、時間をかけてゆっくり食べるようにします
- 食後はすぐ横にならないようにして逆流性食道炎を防ぎます
- 体力をつけるため散歩などの軽い運動を取り入れます

副用・治療の影響

手術後に、誤嚥障害や逆流性食道炎、ダンピング症候群（めまい、動悸、発汗などの不快な症状）といった症状が現れる場合がある

医療連携のポイント

- 定期的な通院・検査
- 痛みが強い、食事が摂れないときは受診

がん・その他

使える制度 ▶▶▶ 介護保険の特定疾病（末期の場合）　医療保険の訪問看護適用（末期の場合）

※本人への告知の有無についてなど、確認が必要です

肺（はい）がん

▍男女とも死因のトップ　女性の罹患率が増え続けている

肺は胸の大部分を占める臓器で左右にひとつずつあり、酸素を血液に取り入れ、二酸化炭素を排出する役割をもつ。肺がんとは、肺内や気管、気管支にできる悪性腫瘍の総称。進行するにつれて周りの細胞を破壊しながら増殖し、血液やリンパの流れに乗って全身に広がっていく。罹患率、死亡率は40歳代後半から増え始め、高齢になるほど高くなる。喫煙が最大の原因なので、喫煙歴のある40歳以上の人は注意が必要。受動喫煙によるリスクも高いとされている。

▍症状

● 咳　● 喀痰（血痰）　● 胸痛　● 喘鳴（ぜんめい）　● 嗄声（かせい）（声の枯れやかすれ）　● 発熱　● 呼吸困難　● 疲労感

▍治療法

● 手術
● 放射線治療
● 化学療法　抗がん剤治療、
　分子標的治療
※末期…鎮痛剤の投与、在宅酸素
　療法

高齢者の場合ここに注意！！

高齢者では、典型的な肺がんの症状だけではなく、脳転移による頭痛、骨転移による腰痛、胸水貯留による胸痛などから肺がん（転移性肺がん）が見つかる場合もある

アセスメントのポイント

☑ 呼吸の状態、息切れや呼吸困難はあるか
☑ 喫煙習慣は続いていないか
☑ 感染予防のための理解はあるか

ケアプラン作成のツボ

今後の見通しと支援

肺がんでは、肺炎などの合併症に注意が必要です。規則正しい生活や栄養で免疫力をつけ、感染予防対策を徹底しましょう。

日常生活の留意点

- 呼吸機能が低下するため、すぐに禁煙が必要です
- 食事はとくに制限はありません。栄養バランスのよいものを規則正しく摂ります
- 手術後に肺がんによる息切れや呼吸困難がある場合、専門職との連携で、呼吸リハビリテーションを取り入れましょう
- 大腿などの筋肉を鍛えることで、呼吸機能の改善を図ることができます
- 手術をした場合、痰が増えます。口腔ケアを徹底し、誤嚥性肺炎を予防します
- 感染予防のため、外出時はマスクを着用して人混みを避け、外出後の手洗い、うがいを徹底します

医療連携のポイント

- 定期的な通院・検査
- 呼吸リハビリテーションの評価・指示

副作用・治療の影響
手術後には痰の増加、呼吸機能の低下や痛み、免疫力低下に注意

使える制度 ▶▶▶ 介護保険の特定疾病（末期の場合） 医療保険の訪問看護適用（末期の場合）

※本人への告知の有無についてなど、確認が必要です

がん・その他

胃がん

患者数が最も多いがん　罹患率ではトップ、部位別死因2位

胃がんとは、悪性腫瘍が胃の粘膜にできることをいう。日本人の胃がんによる死亡率は低下しているが、今なお死因として肺がんに次いで高いがんとなっている。胃がんの主な原因は、塩分・脂肪分などの過剰摂取、過食、飲酒、喫煙、ヘリコバクター・ピロリ菌に長期にわたる感染、といわれている。ピロリ菌は50歳以上の約7割の人が感染しているとされるが、除菌薬で除菌できる場合もある。病状により、手術と抗がん剤治療を組み合わせたり、抗がん剤治療を中心に行ったりする。早期のうちに発見・治療をすれば完治することが多い。

症状

● 胃もたれ　● 胸やけ　● 胃の不快感　● 食欲不振　● 吐き気　● げっぷ
● 体重減少　● 黒色の便　● 貧血

治療法

● **手術**　リンパ節転移がないなど早期の場合は、腹腔鏡や内視鏡による切除
● **化学療法**　抗がん剤治療

高齢者の場合ここに注意!!

①再発・転移の早期発見のために、定期的な検診をすすめる
②胃を切除した場合、胃の負担を軽くするために1回の食事量を少なくし、食事の回数を増やす、よく噛んでゆっくり食べるなどのくふうをする

アセスメントのポイント

☑ 痛みはどの程度あるか

☑ 体重の減少はどれくらいか

☑ 食事の様子、食事は十分に摂れているか

ケアプラン作成のツボ

今後の見通しと支援

胃を切除した場合は、以前のように食事が摂れなくなることもあり、体重が減少しがちです。主治医とも、食事の摂り方などの方針を確認しましょう。

日常生活の留意点

- 再発リスクがあるため、禁煙をすすめます
- 胃の切除により、食道がんと同様にダンピング症候群が現れることがあります。食事は消化のよいものを、少量ずつ、複数回に分け、ゆっくりと時間をかけて摂るようにします
- 食後2〜3時間経って現れるダンピング症候群は低血糖が原因です。アメなどで糖分を補給することで改善されます
- 食後はすぐ横にならないようにして逆流性食道炎を防ぎます
- 貧血が起こりやすくなるため、鉄分やビタミンを摂るようにします
- カルシウムの吸収が悪くなるため、骨粗鬆症予防が大切です

医療連携のポイント

- 定期的な通院・検査
- 痛みや治療に伴う合併症への対応や食事の摂り方についての確認

副作用・治療の影響

胃の切除により消化吸収機能の低下、貧血、ダンピング症候群などへの注意が必要

がん・その他

使える制度 ▶▶▶ 介護保険の特定疾病（末期の場合）　医療保険の訪問看護適用（末期の場合）

※本人への告知の有無についてなど、確認が必要です

大腸がん

▌食生活の欧米化に伴って増加傾向が続くがん

大腸がんは、便をつくる役割をもつ大腸（結腸、直腸、肛門）に発生するがんで、直腸とS状結腸に発生しやすい。動物性脂肪の過剰摂取や食物繊維の不足が原因とされている。50歳代から増加し始め、高齢になるほど罹患率が高くなる。初期はほとんど自覚症状がないが、早期に発見できればほぼ完治する。症状としては血便や下血、下痢、便秘などの排便異常がある。痔と間違えやすいので、早めに医療機関で受診することが早期発見につながる。

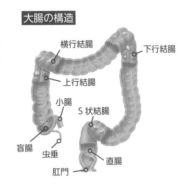

大腸の構造

横行結腸
下行結腸
上行結腸
小腸
S状結腸
盲腸
虫垂
直腸
肛門

▌症状

● 血便　● 下痢　● 便秘　● 腹痛　● 体重減少　● 貧血　● 便が細くなる

▌治療法

● **手術**　内視鏡や腹腔鏡による切除術
● **放射線治療**
● **化学療法**　抗がん剤治療、分子標的治療

高齢者の場合ここに注意!!

手術によって人工肛門（ストーマ）を造設した場合は適切なケアを行う

アセスメントのポイント

☑ 排尿、排便の様子はどうか

☑ 腹部膨満感などの不快感はどの程度あるか

☑ 疾患に伴い生じている生活上の問題は何か

ケアプラン作成のツボ

今後の見通しと支援

大腸がんは、早期発見をすれば予後は良好ですが、手術後には、排尿、排便の不具合や腹部膨満感、吐き気が続くことがあります。腸閉塞の合併症には注意が必要です。

日常生活の留意点

● 消化のよいものをゆっくりとよく噛んで食べ、過食とならないようにしましょう

● 残尿感がある場合は、水分を多めに摂りましょう

● 腹部を温める、マッサージで腸の動きを刺激、適度な運動などで大腸の働きをよくしましょう。主治医の指導で行います

● 吐き気やおなかの張りが続くときは、腸閉塞の可能性もあるので受診をすすめます

● 人工肛門（ストーマ）を造設した場合は、正しい使用方法について本人や家族が指導を受ける必要があります

医療連携のポイント

● 定期的な通院・検査

● 合併症への対応

副作用・治療の影響

軟便や下痢、便秘、腹部膨満感のほか、腸閉塞などの合併症

がん・その他

使える制度 ▶▶▶ 人工肛門をつけた場合：身体障害者手帳　障害年金　ストーマ装具は障害者総合支援法の日常生活用具給付　医療費控除の対象　介護保険の特定疾病（末期の場合）　医療保険の訪問看護適用（末期の場合）

※本人への告知の有無についてなど、確認が必要です

✚中心静脈栄養

経口での栄養摂取が困難になった場合、まず経管栄養（⇨p.128）が検討されます。しかし、**消化管が十分に機能していない場合**には経静脈栄養を行います。

末梢静脈に点滴する場合もありますが、栄養補給が目的の場合は、点滴の浸透圧が高いなどの理由から、鎖骨下静脈から中心静脈へカテーテルを留置して行います。これを**中心静脈栄養**といいます。

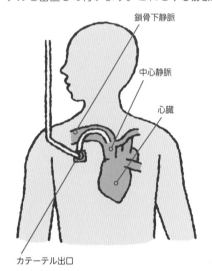

鎖骨下静脈

中心静脈

心臓

カテーテル出口

中心静脈栄養を行っている利用者は、点滴の処置や管理などが必要なので、医療職との連携が必須です。
ケアマネジメントでは、医療職から必要な情報を提供してもらい、支援につなげましょう

皮下埋め込み式ポートを使用し、点滴するとき以外は体外にカテーテルが露出していない状態とする場合もある

⇨

入浴や運動が行いやすい、感染のリスクが軽減する、というメリットがある

➕消化管（器）ストーマ

ストーマとは、腹部に人工的に造設した尿や便の排泄口のことで、悪性腫瘍（がん）などの疾患や事故などのため、膀胱や直腸が機能せず排泄が行えなくなった場合に造設します。ストーマの種類には、**尿路ストーマ**（⇨p.253）と**消化管（器）ストーマ**とがあります。消化管（器）ストーマは、排泄のために人工的に造設した排泄口で、造設した位置で区別されます（下図）。

⇨p.253

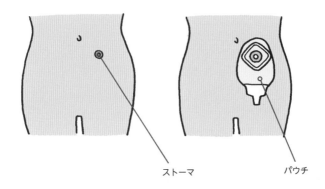

ストーマ　　　　　　　　　パウチ

がん・その他

ストーマ装具（パウチ）の交換は、ストーマの周囲およびその周辺の状態が安定しているなど専門的な管理が必要とされない場合に限って介護職も行うことができます。
ストーマ周辺は、皮膚炎などが起こりやすいため、発赤や発疹などの異常に注意することや、医療職との連携は必須です。

▼ストーマの造設位置

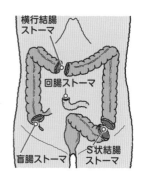

横行結腸ストーマ
回腸ストーマ
盲腸ストーマ
S状結腸ストーマ

肝臓がん

▌肝炎ウイルスに感染して生じる、肝臓の悪性腫瘍

肝臓がんは栄養素の合成、分解貯蔵、解毒に関係する肝細胞に発生する肝細胞がんと、胆汁の通り道である胆管の上皮を形成する細胞に発生する胆管細胞がん（肝内胆管がん）の2つでほとんどを占めている。肝臓がんの主な原因はC型肝炎ウイルスの持続的な感染とされている。肝臓は「沈黙の臓器」と呼ばれ、初期の自覚症状はほとんどない。

▌症状

【初期】●自覚症状はほとんどない

【進行】●悪心　●自覚症状がほとんどない場合もある　●右上腹部のしこり、痛み　●背中の痛み、重圧感　●倦怠感　●食欲不振　●黄疸

【末期】●突然の腹痛　●貧血

▌治療法

● **手術**　部分切除、肝切除、肝移植、肝動脈塞栓術
● **局所療法**
● **ラジオ波焼 灼 療法**
● **化学療法**　抗がん剤治療、
　分子標的治療
● **放射線治療**

高齢者の場合ここに注意！！

①喫煙や飲酒は肝機能を低下させるので、禁煙し、飲酒を控えるよう援助をする

②再発を防止するために定期的な検診を促す

アセスメントのポイント

- ☑ 背景に肝炎ウイルスの感染があるか
- ☑ 疾患の症状による苦痛はどの程度あるか
- ☑ 飲酒、喫煙はしているか

ケアプラン作成のツボ

今後の見通しと支援

肝臓がんのうち肝細胞がんの75%は、C型肝炎ウイルスの感染による慢性肝炎や肝硬変などを併発していることが多いです。そのため、これらの肝障害に対する対応や配慮も必要です。

日常生活の留意点

- 肝機能低下の原因となりますので、禁煙をすすめます
- 食事は適正エネルギーで、栄養バランスのよいものとします
- 体力の回復にあわせて散歩など軽い運動を行います。疲れを溜めず規則正しい生活をおくることが大切です

医療連携のポイント

- 定期的な通院・検査
- 肝臓疾患による食事制限の確認
- 身体の異常を感じた場合は受診する

副作用・治療の影響

肝臓切除による後遺症に胆汁漏、胸水、腹水がある。まれに肝不全が認められる

使える制度 ▶▶▶ 介護保険の特定疾病（末期の場合） 医療保険の訪問看護適用（末期の場合）

※本人への告知の有無についてなど、確認が必要です

がん・その他

膵臓がん

▌発見が難しく進行の早いがん　糖尿病の人は要注意

膵臓は胃の後ろにあり、食物の消化を助ける膵液や、インスリンやグルカゴンなどの血糖値の調節に必要なホルモンを産生している臓器である。

膵臓にできるがんの90％以上は、膵管の細胞に発生する膵管がん。体幹の奥にあるため発見しづらいうえに早期では症状がないことから早期発見が難しく、進行の早いがんのため、発見されたときには進行したがん（末期がん）の場合が多く、予後は極めて不良である。喫煙、肥満、糖尿病、慢性膵炎などが危険因子とされる。

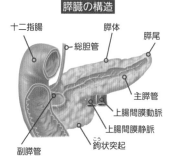

膵臓の構造

十二指腸　総胆管　膵体　膵尾　主膵管　上腸間膜動脈　上腸間膜静脈　鉤状突起　副膵管

▌症状

【初期】自覚症状がほとんどない

【進行】●悪心　●腹痛　●胃や背中の痛み　●体重減少　●黄疸　●白色便　●皮膚掻痒症

▌治療法

- ●手術
- ●放射線治療
- ●化学療法　抗がん剤治療
- ●緩和ケア　痛みなどの不快な症状をやわらげる

高齢者の場合ここに注意！！

痛みがあっても、場所が特定しづらく、「腰が痛いだけ」と見過ごしてしまうことも考えられる

アセスメントのポイント

☑ 食事のあとの不快感はあるか

☑ 適切な食事内容か

☑ 糖尿病の合併症や血糖コントロールが必要か

ケアプラン作成のツボ

今後の見通しと支援

膵臓がんは発見しにくいがんで、再発の可能性も高いです。手術や治療の影響による消化不良、膵臓切除に伴うインスリン分泌不全、糖尿病の発症などへの対応が必要になります。

日常生活の留意点

● 消化不良で吐き気、嘔吐、むせる、下痢などの症状がでるため、栄養士とも相談し、栄養バランスがよい、消化のよいものを摂りましょう

● 1回の食事量を少なめにし、複数回に分けるとよいでしょう

● 手術で膵臓をすべて切除した場合や慢性膵炎を合併している場合は、インスリン自己注射により血糖コントロールが必要になります。方法については、本人または家族が事前に医療職の指導を受ける必要があります

医療連携のポイント

● 定期的な通院・検査、低血糖時の対応、食事・栄養指導

● インスリン自己注射の適応について確認

副作用・治療の影響

手術後の糖尿病発症、血糖コントロール不良による低血糖発作

がん・その他

使える制度 ▶▶▶ 介護保険の特定疾病（末期の場合）　医療保険の訪問看護適用（末期の場合）

※本人への告知の有無についてなど、確認が必要です

腎臓がん

早期発見・早期治療で治癒しやすく普段どおりに生活しやすい

腎臓がんには腎細胞がんと腎盂がんがあり、発生する悪性腫瘍の90％が腎細胞がん。初期の自覚症状がないため、肺や骨などに転移してから発見されることがある。腎臓がんは通常、左右のどちらかひとつに発生する。腎臓は2つあるので、ひとつを全摘出手術しても日常生活に支障はないが、検診での早期発見、早期治療が大切になる。男性と女性では3：1で男性の発症が多い。

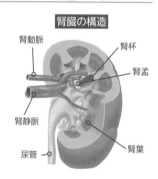

腎臓の構造
腎動脈
腎杯
腎盂
腎静脈
尿管
腎葉

症状

【初期】●自覚症状はほとんどない

【進行】●血尿　●腹部のしこり　●腰や背中、わき腹の痛み　●発熱　●体重減少　●貧血

【末期】●咳　●骨の痛み　●手足のしびれ

治療法

● **手術**　部分切除、全摘出

● **サイトカイン療法**　（がん細胞を抑えるように働くたんぱく質〔サイトカイン〕を利用した治療法）

● **化学療法**　抗がん剤治療、分子標的治療

高齢者の場合ここに注意！！

5年以上経って再発する場合もあるので、定期検診を忘れずに。異常を感じたら、医療機関で受診する

アセスメントのポイント

☑ 高血圧症や糖尿病など増悪因子となる疾患はあるか

☑ 腎機能低下の程度

☑ 残尿感など排泄の状況はどうか

ケアプラン作成のツボ

今後の見通しと支援

片方の腎臓が残っていれば一時的な腎機能の低下はあっても、数週間で尿量や血圧が安定していきます。再発防止のための生活習慣の改善も重要です。

日常生活の留意点

- 高血圧症、糖尿病、肥満、喫煙は発生リスクを高めます。食習慣や生活習慣を改善し、禁煙をすすめます
- 水分は控える必要はなく、多めに摂るようにしましょう
- 腎機能低下がなければ、食事制限はとくにありませんが、消化のよいものを規則正しく食べます
- 手術で両方の腎臓を摘出した場合は、人工透析となります

副作用・治療の影響

手術後に頻尿、残尿感、排尿時の痛みなどの症状が出ることがある。

また、分子標的治療薬のうち、mTOR阻害薬では副作用で脂質異常症、高血糖、まれに間質性肺炎が認められる

医療連携のポイント

- 定期的な通院・検査

がん・その他

使える制度 ▶▶▶ 介護保険の特定疾病（末期の場合）　医療保険の訪問看護適用（末期の場合）

※本人への告知の有無についてなど、確認が必要です

膀胱がん

60歳以上の男性に多く発症するがん

膀胱には、腎臓でつくられた尿を一時的に貯留する役割がある。膀胱がんの多くは、膀胱内の細胞ががん化したもの。60歳以降で増加し、男性の罹患率は女性の約4倍と高い。はっきりとした原因は不明だが、喫煙がリスク要因ということは明らかになっている。膀胱を摘出した場合は、人工膀胱（尿路ストーマ）を造設する。膀胱内で多発、再発しやすいので経過に注意が必要。

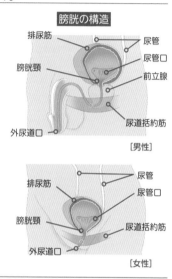

膀胱の構造

排尿筋／膀胱頸／外尿道口／尿管／尿管口／前立腺／尿道括約筋　［男性］

排尿筋／膀胱頸／外尿道口／尿管／尿管口／尿道括約筋　［女性］

症状

- 血尿　● 排尿痛　● 頻尿
- 下腹部痛　● 背部痛

治療法

- **手術**　経尿道的膀胱腫瘍切除術（TUR-BT）、膀胱全摘除術（摘出後に人工膀胱を造設）
- **放射線治療**
- **化学療法**　抗がん剤治療

※BCG（結核ワクチン）あるいは抗がん剤の膀胱内注入療法

高齢者の場合ここに注意！！

①再発しやすいので、定期的な検査を受けるよう促す
②ストーマを造設した場合は、適切なケアを行う

アセスメントのポイント

☑ 腎機能の低下はないか

☑ 感染防止のため清潔に保てているか

☑ ストーマ装具を設置している場合、操作の習得状況や理解度はどうか

ケアプラン作成のツボ

今後の見通しと支援

手術で膀胱を摘出した場合には、新たに人工膀胱（尿路ストーマ）を造設し、それに関する管理も必要となります。感染防止などの対策も重要です。

日常生活の留意点

- 感染症を起こしやすいため、水分を多めに摂り、清潔に保てるよう留意しましょう
- 人工膀胱（尿路ストーマ）を設置している場合、トラブルがあったときの対応などについて、チーム内で確認しておきましょう
- 入浴のケアにおける必要な注意点について事前に医師から情報を得ておきます

医療連携のポイント

- 定期的な通院・検査
- 人工膀胱（尿路ストーマ）を設置している場合、ケア上の留意点などを確認

副作用・治療の影響

人工膀胱（尿路ストーマ）設置の場合、とくに感染しやすいため、清潔に保つことに留意

がん・その他

使える制度 ▶▶▶ 人工膀胱（尿路ストーマ）をつけた場合：身体障害者手帳、障害年金　ストーマ装具は障害者総合支援法の日常生活用具給付、医療費控除の対象

介護保険の特定疾病（末期の場合）　医療保険の訪問看護適用（末期の場合）

※本人への告知の有無についてなど、確認が必要です

おさえておきたい！プラスα

➕膀胱留置カテーテル

カテーテル（ビニル製の管）を尿道から膀胱内に挿入して留置し、尿を体外へ排出する方法です。体外へ排出された尿を溜める蓄尿バッグは、ベッド脇などにハンガーベルトで下げておきます。**膀胱よりも低い位置**になるよう固定します。

膀胱留置カテーテルの取り扱いは医療行為なので、医療との連携は欠かせません。カテーテルが適切に固定されていないと、びらんなどの原因になりかねません。着替えのときなどにはとくに注意を払い、固定しているテープが

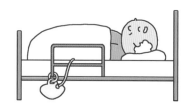

はがれてしまったり、カテーテルが抜けたりした場合は速やかに看護師など**医療職に連絡**し、指示を仰ぎましょう。

介護職は、排出された**尿の性状・量**などを注意深く観察しましょう。尿の濁りや血液の混入、カテーテル周辺からの尿もれなどがみられる場合は、速やかに医療職に連絡します。

▼男性

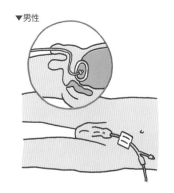

▼女性

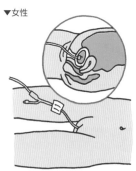

➕尿路ストーマ

膀胱がん（⇨p.250）や前立腺がん（⇨p.254）などにより、尿路の変更が必要になったときなどに造設します。

- **尿管皮膚ろう**…尿管を体表に導くもので、常時排尿される。尿管にカテーテルを挿入している場合もある。
- **腎ろう**…腎臓にカテーテルを挿入し、そこから排尿される。
- **回腸導管**…回腸（小腸）の一部を尿導管とする方法。左右の尿管を摘出した回腸につなぎ、片側をストーマとしてそこから排尿される。

➕自己導尿

膀胱に溜まった尿を定期的に尿道からカテーテルを挿入して排出させるのが、**自己導尿カテーテル**です。

自己導尿は医療行為です。そのため介護職が直接、利用者の尿道にカテーテルを挿入することはできません。介護職にできるのは、利用者が自己導尿を行う際にカテーテルなど**必要な用具を揃える準備作業**や、利用者がカテーテルを挿入する際の**体位保持の援助**のみです。

▼男性 　　　▼女性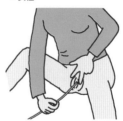

※在宅ケアを受ける自己導尿の利用者は少ないこと、尿道というデリケートな領域を取り扱い、介助手技も難易度が高いことなどから、介護職にとって、その介助は熟練が難しい技能であるともいえます。利用者や家族を含めた**関係者間でよく相談**したうえで、**医師や看護師の指導**をしっかり受けて実施します。

がん・その他

前立腺がん
ぜん りつ せん

早期の治療で完治可能ながん

前立腺は、精液の主成分をつくる器官であり膀胱の下にある。その器官に発生するがんを前立腺がんという。リンパ節のほかに骨への転移も多いという特徴があるものの、ほかのがんに比べて進行が遅く、早期に治療できれば完治が可能。罹患率は年齢が高いほど増加し、65歳以上に多い。早期の自覚症状はあまりないが、腫瘍マーカー検査で発見できる。

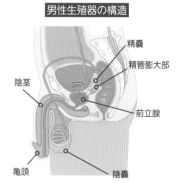

男性生殖器の構造

精嚢

精管膨大部

陰茎

前立腺

亀頭

陰嚢

症状

【初期】●自覚症状はほとんどない

【進行】●排尿困難　●頻尿　●残尿感　●尿意切迫　●背中、腰の痛み
　●下腹部の不快感

治療法

●**手術**

●**放射線治療**

●**化学療法**　抗がん剤治療、ホルモン治療
　（男性ホルモンの働きを弱める）

●**待機療法**　治療をせず、経過を観察する

アセスメントのポイント

- ☑ 尿量や失禁のきっかけ、失禁場所など排尿状態の確認
- ☑ 排尿動作はどうか
- ☑ 居室とトイレまでの距離はどれくらいか

ケアプラン作成のツボ

今後の見通しと支援

前立腺がんの進行は比較的ゆっくりで、早期に適切な治療を受ければ、通常の生活に戻れる可能性も高くなります。ただし、頻尿、失禁などの排泄障害が残ることもあるため、その対策やケアに力を入れましょう。

日常生活の留意点

- 夜間の頻尿がある場合は、寝室をトイレの近くに設けたり、ベッドサイドにポータブルトイレを設けるなど排尿環境をくふうしましょう
- 尿失禁があっても、可能なかぎり自力で排尿できるように援助しましょう
- 散歩など適度な運動で、足腰を鍛えます
- 骨盤底筋を強化する運動や、膀胱訓練を取り入れましょう
- 外出時には、尿もれ用パッドを利用してもよいでしょう

副作用・治療の影響

手術後に尿失禁と勃起障害、放射線治療では、直腸、膀胱障害に伴う症状、内分泌療法では急な発汗などの後遺症が出ることがある

医療連携のポイント

- 定期的な通院・検査
- 膀胱訓練についての評価

がん・その他

使える制度 ▶▶▶ 介護保険の特定疾病（末期の場合）　医療保険の訪問看護適用（末期の場合）

※本人への告知の有無についてなど、確認が必要です

乳がん

年々増加しているがん

乳がんのほとんどが乳房の乳管から発生するが、それらは「乳管がん」と呼ばれる。一方、小葉から発生するがんは「小葉がん」と呼ばれる。マンモグラフィなどの検査で指摘されたり、自分で症状に気づき発見されたりする。乳がんの罹患率は年々増加しており、30～50歳代前半の女性に多い。乳房の切除を行った場合、精神的な落ち込みが強くなるので、心のケアに配慮が必要。バストライン補正のための専用下着などもある。転移しやすいがんなので、定期的に検査し、再発や転移の早期発見に努める。

症状

●乳房のしこり（腫瘤）　●乳房のひきつれ　●乳頭や乳輪に湿疹やただれができる　●異常分泌液が出る　●腫れ

治療法

● **手術**　乳房部分切除術（リンパ節への転移が疑われる場合）、乳房切除術（切除後、乳房再建術を行う場合もある）、腋窩リンパ節郭清（周辺のリンパ節を切除する）
● **放射線治療**
● **化学療法**　ホルモン治療、分子標的治療
● **緩和ケア**

高齢者の場合ここに注意！！

術後5年以上経過してから再発することもめずらしくないので、日ごろから注意する

アセスメントのポイント

☑ 現在生じている症状による生活上の問題は何か
☑ 感染予防について、本人の理解はあるか

ケアプラン作成のツボ

今後の見通しと支援

手術後は、腕や肩が動きにくいという症状が残ることがあります。また、手術でリンパ節を郭清したり、放射線治療を行ったりしたあとは、リンパ浮腫が起こることがあります。痛みへの対処のほか、リンパ浮腫が感染の温床となって炎症が起こらないよう注意が大切です。

日常生活の留意点

- 腕や肩が動きにくい場合、専門家の指導に沿って、動きやすくなる運動を一定期間続け、体力を向上させます
- リンパ浮腫がある場合は、弾性スリーブ（下図）の着用や弾性包帯などの弾性着衣の着用、マッサージなどを試みましょう
- リンパ節の切除後は、細菌に感染しやすい状態です。とくに手や指先にけが、やけどをしないよう留意しましょう。料理中のけが、裁縫での針仕事、虫刺されなどにも注意が必要です

医療連携のポイント

- 定期的な通院・検査
- リハビリテーションの評価
- リンパ浮腫が出た場合の日常生活上の注意点を確認

副作用・治療の影響
手術後の肩や腕の痛み、リンパ浮腫など

必要な福祉用具・医療機器

リンパ浮腫に対する弾性着衣（弾性包帯、弾性スリーブなど）

▼弾性スリーブ

使える制度 ▶▶▶ 介護保険の特定疾病（末期の場合）医療保険の訪問看護適用（末期の場合）

※本人への告知の有無についてなど、確認が必要です

がん・その他

257

卵巣がん

らん そう

早期発見が難しいが、化学療法が効きやすいがん

卵巣は、子宮の両脇にひとつずつある、女性ホルモンを分泌している臓器。卵巣がんのうち9割は、卵巣の表層を覆う細胞に発生する上皮性がん。40歳代から増加して50〜60歳代に多く発症するが、初期の自覚症状がないので早期発見が難しい。そのため卵巣がんは発見したときには進行していることが多く、また早期がんでも種類によっては再発の危険が高いことから、手術（外科治療）と抗がん剤治療（化学療法）を組み合わせて行う。

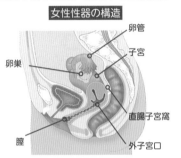

女性性器の構造

卵管
子宮
卵巣
直腸子宮窩
膣
外子宮口

症状

● 下腹部のしこり　● 下腹部痛（にぶい痛み）　● 下腹部の圧迫感　● 腹水　● 不正性器出血

治療法

● **手術**
● **化学療法**　抗がん剤治療
● **放射線治療**

高齢者の場合ここに注意!!

①卵巣の摘出手術を行った場合、女性ホルモンが産生されなくなり更年期障害のような不快な症状を発症することがある
②広範囲に切除した場合は、排尿障害や脚のむくみが起こる場合がある。症状によって医療機関などで受診が必要

アセスメントのポイント

☑ 今後の治療方針についての理解がどの程度あるか
☑ 現在生じている症状による生活上の問題は何か
☑ 体力はどの程度回復しているか

ケアプラン作成のツボ

今後の見通しと支援

卵巣がんは、進行した状態で発見されることが多く、早期がんでも再発の危険が高く、定期的な受診、検診が必要です。抗がん剤が比較的よく効くがんですが、治療法の選択は本人の意思や体力などによっても変わります。

日常生活の留意点

● 可能な範囲で身体を動かし体力の回復に努めます
● 卵巣を切除した場合は、めまい、肩こり、息切れ、発汗などの更年期障害のような症状、膣の萎縮が現れることがあります。不快感を軽減する援助が必要です
● リンパ節を切除した場合、リンパ浮腫が現れることがあります。マッサージや専門医の受診などを検討しましょう
● リンパ浮腫があるときに細菌感染すると、足が腫れ上がったり高熱が出たりします。皮膚を清潔に保てるようにし、長時間の立ち仕事や座位での仕事、正座は極力避けるように指導します

副作用・治療の影響

抗がん剤を使用した場合には、その副作用（脱毛、口内炎、下痢、白血球や血小板減少、吐き気、動悸、肝障害、腎障害など）

医療連携のポイント

● 今後の治療方針とそれに伴う留意点
● マッサージの方法
● 定期的な治療・通院

がん・その他

使える制度 ▶▶▶ 介護保険の特定疾病（末期の場合）　医療保険の訪問看護適用（末期の場合）

※本人への告知の有無についてなど、確認が必要です

子宮がん(頸／体)

20代でも発生する子宮頸がん、閉経後に多い子宮体がん

女性特有のがんである子宮がんには、「子宮頸がん」と「子宮体がん」がある。子宮頸がんは子宮口付近に、子宮体がんは子宮内膜から発生する。子宮がんのうちの約8割が子宮頸がんであり、子宮体がんと比べて発症率の高さが際立っている。また子宮頸がんの原因はヒトパピローマウイルスへの感染によるもので、比較的若年層に多くみられる。子宮体がんは女性ホルモンであるエストロゲンの持続分泌が主因とされ、閉経後の中高年で多く発生する。どちらのがんも自覚症状が乏しいので、定期的な検査による早期発見が大切。

子宮がんの発生箇所

卵管　子宮頸がん　子宮体がん　卵管采　卵巣　子宮体　子宮頸

症状

【初期】●自覚症状はほとんどない

【進行】●月経時以外の出血　●月経不順　●下腹部痛　●性交痛　●排尿痛　●悪臭のするおりもの

治療法

●手術　●レーザー治療
●放射線治療
●化学療法　抗がん剤治療、ホルモン治療

高齢者の場合ここに注意!!

閉経後の不正出血は要注意。近年は高齢者の子宮体がんが増えている。また糖尿病、肥満、高血圧症などを有する人や未産婦に多く発症する

アセスメントのポイント

☑ 行うことのできるADLやIADLを確認
☑ 排尿回数、排尿間隔、最長排尿間隔はどうか
☑ 足のむくみはあるか

ケアプラン作成のツボ

今後の見通しと支援

予後は進行度により異なります。子宮や卵巣を切除した場合には、排尿障害や便秘、リンパ節を取った場合はリンパ浮腫などの後遺症が現れることがあります。生活の不自由を解消し、医療との連携で生活の質を保てるよう支援します。

日常生活の留意点

● 軽い運動や家事を行い、体力の回復に努めます
● リンパ浮腫の予防のため、就寝時やいすに座るときには足を少し高めの位置にします。長時間にわたり同じ姿勢を続けないようにします
● 排尿障害では、医療との連携でトレーニングをし、自力排尿ができるようにします。尿意がない場合は、多めに水分を摂り、決まった時間に排尿ができるよう支援しましょう
● 便秘や便が出にくい症状がある場合は、適度な運動や繊維質の多い食事を摂りましょう

医療連携のポイント

● 定期的な通院・検査
● 排尿トレーニングの評価や実施

副作用・治療の影響

手術による排尿・排便障害、リンパ浮腫

使える制度 ▶▶▶ 介護保険の特定疾病（末期の場合）　医療保険の訪問看護適用（末期の場合）

※本人への告知の有無についてなど、確認が必要です

がん・その他

末期がんの疼痛コントロール

がんの苦痛を緩和し、QOLを向上させる

がんとは生体に生じる悪性の腫瘍疾患のことであり、異常をきたした細胞（がん細胞）が増殖し、血流やリンパ液を通ってほかの組織も破壊する。このときに起こる痛み（疼痛）はがんの進行とともに発生頻度が増し、不眠や食欲低下の原因となり、さらには精神的不安定にもつながりかねない。患者の痛みを取り除き、よりよい生活をおくるためには、疼痛のコントロールが重要となる。疼痛コントロールにあたっては、WHO（世界保健機構）の「3段階除痛ラダー」と「鎮痛薬使用の5原則」を指標とする。

症状

- 体性痛…皮膚や骨、関節、筋肉、結合組織といった体性組織への、切る、刺すなどの機械的刺激が原因で発生する痛みなど
- 内臓痛…食道、胃、小腸、大腸などの管腔臓器の炎症や閉塞、肝臓や腎臓、膵臓などの炎症や腫瘍による圧迫、臓器被膜の急激な伸展が原因で発生する痛みなど
- 神経障害性疼痛…末梢・中枢神経の直接的損傷に伴って発生する痛み。①刺激に依存しない自発痛 ②刺激に誘発される痛み ③異常感覚 の3種がある

治療法

- 3段階除痛ラダー

第1段階	第2段階	第3段階
非オピオイド鎮痛薬（アスピリンなど）	第1＋弱オピオイド鎮痛薬（コデインなど）	第1＋強オピオイド鎮痛薬（モルヒネなど）

第1段階で痛みがおさまらないまたは新たな痛みが発現したら**第2段階**へ。次は**第3段階**へ

- **鎮痛薬使用の5原則**

① 経口で（簡単な投薬方法）
② 時間どおり規則的に
③ 除痛ラダーにそって効力の順に
④ その人に合った量を投与
⑤ ①～④に対応したうえでの細かい配慮

アセスメントのポイント

- ☑ 介護力、介護環境はどの程度あるか
- ☑ 今後の痛みのコントロール方法についての本人の理解はどうか
- ☑ 延命治療についての本人の意思

ケアプラン作成のツボ

今後の見通しと支援

がん末期では全身の機能低下が進み、麻薬の使用により思考力が低下したり、幻覚が現れたりすることもあります。毎日を苦痛なく意義深く過ごせるよう、QOLの維持向上に配慮した援助を行うことが大切です。

日常生活の留意点

- ●本人の感じる痛みは、身体的・精神的・社会的・霊的な痛み（トータルペイン）としてとらえ、共感的な態度で接します
- ●疼痛緩和のための薬は、一定の目標を定めて時間を決めて規則正しく投与できるようにします
- ●本人のやりたいことを制限せず、本人と家族が穏やかな気持ちで安心感をもって毎日を過ごせるように配慮します
- ●状態に応じて、食べやすい調理や食形態のくふうをします

医療連携のポイント

- ●定期的な往診
- ●24時間対応の在宅療養支援診療所との連携
- ●急変時の対応
- ●死亡診断書の発行

副作用・治療の影響

疼痛緩和のための麻薬には、便秘、吐き気、嘔吐の副作用がある

がん・その他

使える制度 ▶▶▶ 介護保険の特定疾病（末期の場合）　医療保険の訪問看護適用（末期の場合）

※本人への告知の有無についてなど、確認が必要です

白血病

はっ けつ びょう

▌風邪に似た症状が現れる血液のがん

血液中にがん化した白血球が異常に増加する血液のがん。急速に進行する急性白血病と、ゆっくりと進行する慢性白血病があり、さらにそれぞれ骨髄系細胞から発生する骨髄性白血病と、リンパ球系細胞から発生するリンパ性白血病に分けられる。慢性白血病では急性白血病のように初診時に貧血症状、感染症、出血傾向を伴うことはまれで、初期の症状はほとんどない。放射線治療や化学療法（抗がん剤治療）などを受けた後に発症する二次性白血病以外は明らかな原因は不明。身体がだるい、微熱があるなどの症状が風邪と間違われやすく、発見が遅れることもある。

▌症状

●倦怠感　●無気力　●動悸　●息切れ　●発熱　●感染症　●慢性白血病の早期…自覚症状はほとんどない

▌治療法

● **化学療法**　分子標的治療、抗がん剤治療
● **薬物療法**　インターフェロンα療法
● **手術**　造血幹細胞移植、骨髄移植、末梢血幹細胞移植、臍帯血移植、骨髄非破壊的移植、ドナーリンパ球輸注療法

高齢者の場合ここに注意！！

認知症を合併している場合に限らず、本人を含む家族で病状などを理解し、治療法を選択することが重要である

アセスメントのポイント

☑ 行うことのできるADL、IADLの程度
☑ 食事の方法、内容はどうか
☑ 感染予防のための対策はなされているか

ケアプラン作成のツボ

今後の見通しと支援

若年者にも多いがんですが、高齢者の場合は、予後が悪くなる傾向があり、肺炎や敗血症などの合併症には注意が必要です。感染予防をしながら、生活の質を高める援助をします。

日常生活の留意点

- 治療中は、免疫力が低下しています。身体を冷やす食事は避け、生ものは加熱処理をします。利用する食器も加熱処理をするとよいでしょう
- 感染予防のため、外出時はマスクをつけ、人の多い場所への外出は避けます。本人のほか、接する家族やスタッフもこまめに手洗い・うがいをしましょう
- 経口感染にも配慮し、調理器具の衛生保持、手ふきタオルの共有を避ける、ペーパータオルの使用などの対策をします
- 体力の回復にあわせ、近所の散歩など軽い運動や家事をしていきます
- 趣味などを続け、今までの生活をできるだけ維持できるよう支援します

医療連携のポイント

- 副作用への対応
- 胸の痛みや咳、息切れなどがあればすぐに医師に連絡

副作用・治療の影響

抗がん剤による化学療法の副作用として食欲不振、粘膜障害、吐き気、嘔吐、便秘、下痢、脱毛などがある

がん・その他

おさえておきたい！プラスα

➕ 終末期（ターミナル期）ケアのポイント

ターミナルケアや**緩和ケア**というと、がん患者を対象にしたものと考えられがちでしたが、このところ、**エンド・オブ・ライフケア**（人生の終盤に老い衰えが進む時期に行われるケア）というとらえ方が提唱されています。

本人の意思や希望を尊重しながら、**トータルペイン**（身体的・精神的・社会的・霊的な痛み）を緩和して、自然なかたちで苦しみのない最期を迎えられるよう支援を行います。

● リビングウィルとは

終末期において、どのような医療や介護を望むのかという**本人の意思確認**を「**リビングウィル**」といいます。急病や病状・症状の悪化という事態を考えると、本人の尊厳を重視するためにもリビングウィルの事前確認は重要だといえます。

リビングウィルが聴取できない場合、これまでその利用者と接する中で得た、その人らしい暮らしぶりや意向から、類推し**代弁するという役割**が、ケアマネジャーや介護職に求められます。

● コンセンサス・ベースド・アプローチ

重度の認知機能障害や意識障害を有するなど、本人の意思確認ができない場合に行われるのが、**コンセンサス・ベースド・アプローチ**です。

家族、複数の介護・医療専門職が話し合い、関係者の総意に基づいて方針を決定します。

終末期ケアを行う場所

地域包括ケアの理念では、「終の住処＝自宅」だけではなく、認知症グループホームやサービス付き高齢者向け住宅、有料老人ホームなどの「自宅に代わる地域の住まい」また、介護老人福祉施設や介護老人保健施設などの介護保険施設も想定されています。

➕終末期ケアの方法

終末期の利用者の生活を支えるうえで、介護は非常に重要な位置を占めます。

食事、排泄、睡眠、移動、清潔、喜びの6つの視点から考えてみましょう。

衰えを示す変化	介護のかかわり方
食欲が落ち、体重が減る	食事量を維持できるようなくふうは重要だが、量より本人の楽しみや満足感を重視する。「食べたいものを食べたいときに食べたい分だけ食べればよい」とする
口腔や嚥下の機能が低下する	誤嚥性肺炎を予防する。嚥下状態や口腔内の状況の定期的な観察、口腔ケアや食形態に誤嚥しにくいくふうをする
便秘になりやすい	腹部をさする、蒸しタオルで温めるなどの物理的刺激や看護師による摘便
意欲や活動量が減る　体調を崩すことが増える	状態に応じ、無理のない範囲で好きな活動を続ける。傾眠がちになった場合は、可能な範囲で車いすの利用など離床できる時間を確保し、日中の過ごし方にリズムをつける。環境整備を行い、転倒リスクを回避する。清潔ケアも重要
褥瘡ができやすい	皮膚の状態観察を怠らず、予防ケアを行う

看取りの瞬間
呼吸が停止した場合、「119」に通報すると、救急隊が到着したときに死亡が明らかなら警察への通報となります。病死であっても、警察の介入によって不審死でないことを証明しなければなりません。条件がそろえば、主治医が往診して死亡診断を行う場合もあります。どのような状態の場合にどう対応するか、あらかじめ家族や医療職と確認しておくことが必要です。

検査値

◇検査には、身体の機能を直接調べる生理検査（心電図やレント
ゲンなど）と、尿や血液などを調べる検体検査があります。

■ 一般検査

	検査項目	基準値
尿検査	尿量（mℓ / 日）	800 ～ 1,600
	尿比重	1.006 ～ 1.030
	尿蛋白	陰性
	尿糖	陰性
	尿ウロビリノゲン	±～＋
	尿ビリルビン	－
	尿ケトン体	陰性
	尿潜血	陰性
	ベンス・ジョーンズ蛋白〔BJP〕	陰性

■ 血液検査

	検査項目	基準値
血算・血液像	赤血球数〔RBC〕（万 / μℓ）	男性：427 ～ 570 女性：376 ～ 500
	血色素量〔Hb〕（g/dℓ）	男性：13.5 ～ 17.6 女性：11.3 ～ 15.2
	ヘマトクリット〔Ht〕（%）	男性：39.8 ～ 51.8 女性：33.4 ～ 44.9
	白血球数〔WBC〕（/ μℓ）	4,000 ～ 8,000
	血小板数〔Plt〕（万 / μℓ）	15 ～ 35
血液凝固・止血系	全血凝固時間（分）	6 ～ 15
	活性化部分トロンボプラスチン時間〔APTT〕（秒）	25 ～ 40
	プロトロンビン時間〔PT〕（秒）	11 ～ 13
	トロンボテスト〔TT〕（%）	70 ～ 130
	フィブリノゲン（mg/dℓ）	200 ～ 400
	フィブリン / フィブリノゲン分解産物〔FDP〕（μg/mℓ）	10 未満
	出血時間（分）	Duke 法：1 ～ 3
その他	赤血球沈降速度〔ESR、赤沈、血沈〕（mm/ 時）	成人男性：2 ～ 10 成人女性：3 ～ 15

■ 臨床化学検査

	検査項目	基準値
糖質検査・脂質検査	グルコース（空腹時血漿血糖：mg/dℓ）	70 〜 110
	HbA1c〔ヘモグロビン A1c〕（%）	4.6 〜 6.2
	総コレステロール〔TC〕（mg/dℓ）	130 〜 220
	トリグリセリド〔TG〕（mg/dℓ）	50 〜 150
	遊離脂肪酸〔FFA〕（μEq/ℓ）	100 〜 800
	リン脂質（mg/dℓ）	150 〜 250
	HDL-コレステロール（mg/dℓ）	40 〜 65
蛋白質（含窒素成分）	血清総蛋白〔TP〕（g/dℓ）	6.5 〜 8.0
	血中尿素窒素〔BUN〕（mg/dℓ）	9 〜 21
	血清アルブミン（g/dℓ）	3.8 〜 5.2
	尿中尿素窒素〔UN〕（g/ 日：蓄尿）	4 〜 13.8
	血清クレアチニン〔Cr〕（mg/dℓ）	男性：0.65 〜 1.09 女性：0.46 〜 0.82
	血清尿酸〔UA〕（mg/dℓ）	男性：3 〜 7 女性：2 〜 7
	アンモニア〔NH₃〕（μg/dℓ）	40 〜 80
酵素	前立腺酸性ホスファターゼ〔PAP〕（ng/mℓ）	3.0 以下
	AST（IU/ℓ /37℃）	11 〜 33
	ALT（IU/ℓ /37℃）	6 〜 43
	クレアチンキナーゼ〔CK〕（IU/ℓ）	男性：57 〜 197 女性：32 〜 180
電解質・金属など	ナトリウム〔Na〕（mEq/ℓ）：血清 Na 濃度	135 〜 145
	カリウム〔K〕（mEq/ℓ）：血清 K 濃度	3.5 〜 5.0
	塩素〔Cl〕（mEq/ℓ）：血清 Cl 濃度	98 〜 108
	カルシウム〔Ca〕（mg/dℓ）：血清 Ca 濃度	8.6 〜 10.0
	鉄〔Fe〕（μg/dℓ）	男性：64 〜 187 女性：40 〜 162
	直接ビリルビン（mg/dℓ）	0 〜 0.3
	間接ビリルビン（mg/dℓ）	0.1 〜 0.8

難病

── 難病の定義　**1972（昭和47）年「難病対策要綱」** ──

①原因不明、治療方法未確立であり、かつ、後遺症を残すおそれが
　少なくない疾病

②経過が慢性にわたり、単に経済的な問題のみならず介護等に著し
　く人手を要するために家庭の負担が重く、また精神的にも負担の
　大きい疾病

国の難病対策

難病の患者に対する医療等に関する法律（難病法）

（2015〔平成27〕年1月施行）

　難病医療にかかる医療費助成制度の確立、調査および研究の推進、療
養生活環境整備事業の実施などについて定められています。また、医療
費助成の対象となる指定難病が定められました。

指定難病とは？

「難病対策要綱」に定義された難病のうちで、①患者数が本邦にお
いて一定の人数（人口の0.1％程度）に達しないこと、②客観的な
診断基準（またはそれに準ずるもの）が確立していること、を満た
すものをいいます。

医療費助成の開始
- 110疾病（告示番号1〜110）…平成27年1月1日より
- 196疾病（告示番号111〜306）…平成27年7月1日より
- 24疾病（告示番号307〜330）…平成29年4月1日より
- 1疾病（告示番号331）…平成30年4月1日より
- 2疾病（告示番号332〜333）…令和元年7月1日より

※医療費助成については、利用者が住んでいる都道府県の保健所などが
　相談窓口になっています。

※指定難病の概要、診断基準など、臨床調査個人票については、厚生労働省のホームページで検索することができます。

令和2年12月現在

障害者総合支援法

2013（平成25）年に、難病が加えられました。

現在では、障害者手帳の取得ができない場合でも、対象の疾患であれば、障害福祉サービス等を受けられるようになっています。

必要に応じて障害支援区分の認定を経たうえで、市区町村において必要と認められたサービス等が利用できます。

介護と医療の連携

難病のある利用者は日常生活上、多くの不自由を感じます。症状が重くなると寝たきりになってしまう場合もあり、医療的なケアが必要です。

介護者は、利用者が在宅で医療的ケアを受けながら安心して療養できるよう、専門医や家庭医、訪問看護師などと十分な連携を図りながら援助を行っていきます。

手帳

① 身体障害者手帳 ························· 根拠 身体障害者福祉法

　地域の福祉事務所か市町村の担当課に申請し、身体障害者更生相談所の審査・判定を経て都道府県知事から交付されます。

　手帳の交付を受けていることが、身体障害者として認定される条件です。対象は、身体障害者障害程度等級表に基づいており、1～6級が交付対象です。

【記載内容】
● 障害の種類　　● 等級　　● 1種2種の区分

■身体障害者障害程度等級表

障害の種類	○視覚障害 ○聴覚または平衡機能の障害 ○音声機能、言語機能またはそしゃく機能の障害 ○肢体不自由 ○心臓、じん臓若しくは呼吸器またはぼうこう若しくは直腸、小腸、ヒト免疫不全ウイルスによる免疫若しくは肝臓の機能の障害
等級	身体障害者障害程度等級表に基づく、重度（1・2級）、中度（3・4級）、軽度（5・6級）の6区分 ※同一の等級について2つの重複がある場合は、一級上の級とする
1種・2種の区分	公共交通機関利用の際の優遇措置などに使用される区分。1種は本人と介護者、2種は本人だけが割引の対象となる

● サービスは、身体障害者手帳に記載される障害の種類や等級だけではなく、具体的なニーズなどに基づいて提供されます。
● 各種優遇税制・優遇措置は手帳の提示が利用上の要件となっています。

② 精神障害者保健福祉手帳 ……………………… 根拠 精神保健福祉法

　地域の福祉事務所か市町村の担当課に申請し、精神保健福祉センターの審査・判定を経て都道府県知事から交付されます。

　知的障害者は、療育手帳の対象となっているため、精神障害者保健福祉手帳は交付されません。

【記載内容】

● 等級（1〜3級）…1級が最も重度

● 保健福祉サービスを受給する場合、利用証明書としての役割は果たしますが、支給要件ではありません。

● 提示することにより、各種優遇税制・優遇措置などが受けられます。

③ 療育手帳 ………………… 根拠 厚生事務次官通知「療育手帳制度について」

　地域の福祉事務所か市町村の担当課に申請し、知的障害者更生相談所・または児童相談所の審査・判定を経て都道府県知事から交付されます。

　交付された知的障害児（者）には、一貫した指導・相談が行われます。療育手帳制度は障害児（者）が各種の公的サービスを受けるために必要な制度です。

【記載内容】

● 障害の程度を表すA（重度）B（その他）の区分

● 身体障害者手帳に比べて利用証明書としての意味はやや希薄ですが、手帳を提示することにより、各種優遇税制・優遇措置などが受けられます。

年金

　公的年金制度は、すべての国民が職業や所得などにかかわらず、対象となる"**国民皆年金**"となっています。

　現役世代は全員が国民年金の被保険者となり、高齢期になったら、加入期間に応じて**基礎年金**を支給されます。加えて被用者（民間企業や官公庁などに雇用されている人）は**厚生年金**に加入して、過去の報酬と加入期間に応じた報酬比例年金を基礎年金の上乗せ分として受け取ります。

① 国民年金

　国民年金の保険給付には、全被保険者に共通する**老齢基礎年金・障害基礎年金・遺族基礎年金**と、第1号被保険者への独自給付として、**付加年金・寡婦年金・死亡一時金**があります。

■国民年金の保険給付の概要（2021年度）

老齢基礎年金	【支給要件】**10年以上の受給資格期間を満了**した者が、**65歳**になった時に支給される ※60～64歳での**繰上げ支給**（一定の率で減額）、66歳以降での**繰下げ支給**（一定の率で増額）が選択できる
障害基礎年金	【支給要件】初診日において、国民年金の被保険者であった者またはかつて被保険者であった者で日本に住む60歳以上65歳未満の者が受給資格期間を満たし、障害認定日に**障害等級1級または2級の障害の状態**にある場合に支給される ※保険料納付済期間と保険料免除期間の合計が、原則として加入期間の**2/3以上**あることが必要 ※受給権者によって生計を維持していた子に対する加算がある
遺族基礎年金	【支給要件】①国民年金の被保険者、②かつて被保険者であった、日本に住む60歳以上65歳未満の者、③老齢基礎年金の受給権者、④老齢基礎年金の受給資格期間を満たしている者、のいずれかが死亡した場合、遺族に対し支給される。ただし、①、②の場合は、保険料納付済期間と保険料免除期間をあわせた期間が、原則として加入期間の**2/3以上**あることが必要 ※満額の老齢基礎年金と同額。子に対する加算がある
付加年金	付加保険料の納付期間のある人が、老齢基礎年金の受給権を得たときに支給される

寡婦年金	第1号被保険者としての受給資格期間を満たした夫が死亡したときに、10年以上婚姻関係があり、夫に生計を維持されていた妻に対し、夫の受給額の3/4に相当する年金が、60歳から65歳になるまでの間支給される
死亡一時金	第1号被保険者としての受給資格期間を満たした人が、老齢基礎年金などの年金を受けずに死亡したときに、被保険者と生計を一にしていた遺族に支給される（遺族基礎年金を受給できない場合。寡婦年金を受給できる場合は、どちらかを選択）

② 厚生年金保険

　厚生年金保険の保険給付には、**老齢厚生年金・障害厚生年金・遺族厚生年金**と、厚生年金の独自給付として、**障害手当金**があります。

■厚生年金保険の保険給付の概要（2021年度）

老齢厚生年金	【支給要件】厚生年金保険の**被保険者期間（1か月以上）**がある者で、老齢基礎年金の受給資格期間を満たした者に対し、原則として、**65歳**から老齢基礎年金に上乗せして支給される。65歳支給の老齢厚生年金額は、報酬比例の年金額に、加給年金を加えた額 ※加給年金…65歳未満の配偶者または一定条件の子のいる場合に支給される
障害厚生年金・障害手当金	【支給要件】厚生年金保険の被保険者期間中に初診日のある病気やけがで、障害認定日において**障害等級の1・2級**に認定された場合に、障害基礎年金に上乗せして支給される ※厚生年金保険の独自給付として、**3級**の障害厚生年金や、3級より軽い障害に対する**障害手当金**（一時金）が支給される ※1・2級の障害厚生年金には**配偶者加給年金**が加算される
遺族厚生年金	【支給要件】厚生年金保険の被保険者・老齢厚生年金や1・2級の障害厚生年金の受給権者が死亡したとき、被保険者期間中に発生した傷病が原因で、初診日から5年以内に死亡したときなどに遺族（遺族基礎年金の支給対象の範囲に加え、①子のない妻、②55歳以上の夫、父母、祖父母、③孫）に支給される

成年後見制度

　認知症、知的障害、精神障害などにより判断能力が不十分なため、**意思決定が困難な人を支援**し、**権利を守る**ための制度です。成年後見人などが、職務として**身上監護**と**財産管理**を行います。
　法定後見制度と**任意後見制度**があります。

■法定後見制度の分類

	対象者	後見事務の内容
後見類型	判断能力を常に欠いた状態の人	**成年後見人**は、預貯金の管理や重要な財産の売買、介護契約など、本人の財産に関する法律行為について包括的な**代理権**と、日常生活に関する行為以外についての**取消権**をもつ。ただし、本人の居住用の**不動産を処分**する場合には、**家庭裁判所の許可**が必要。
保佐類型	判断能力が著しく不十分な人	**保佐人**は、財産を処分するなど、本人が行おうとしている重要な一定の行為について**同意権**と**取消権**をもつ。また、**本人の同意**のもと、保佐人など申立人の請求により、申し立ての範囲内において、家庭裁判所の審判を経て**代理権**が与えられる。
補助類型	判断能力が不十分な人（軽度の認知症の人など）	**補助人**は、**本人の同意**のもと、申立人の請求により、申し立ての範囲内において、家庭裁判所の審判を経て**同意権・取消権**と**代理権**が与えられる。同意権の範囲は保佐人よりも限定されている。

■任意後見制度の流れ

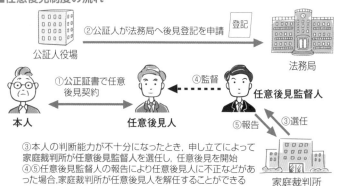

③本人の判断能力が不十分になったとき，申し立てによって家庭裁判所が任意後見監督人を選任し，任意後見を開始
④⑤任意後見監督人の報告により任意後見人に不正などがあった場合,家庭裁判所が任意後見人を解任することができる

主治医意見書

　介護認定の一次判定で一部用いられるほか、介護認定審査会による審査・判定（二次判定）での重要な資料となります。

　市町村は、**認定調査時**に被保険者が**申請書に記載した主治医**に、生活機能低下の原因となっている傷病や特別な医療、心身の状態（日常生活の自立度、認知症の中核症状や周辺症状など）、生活機能とサービスなどに関する「主治医意見書」への提出を求めます。

- 主治医がいない場合…**市町村の指定する医師**や**市町村の職員である医師**が診断、主治医意見書を作成
- 提出がない場合…被保険者が**正当な理由なく**市町村の指定する医師などの診断に**応じない場合**、市町村は**申請を却下**することができる

【主治医意見書の内容】

◎受診についての基本情報

1　傷病に関する意見（診断名、症状、治療内容）

2　特別な医療

3　心身の状態に関する意見（日常生活の自立度、認知症の中核症状、周辺症状、その他の精神・神経症状、身体の状態）

4　生活機能とサービスに関する意見（移動、栄養・食生活、現在または今後発生の可能性の高い状態と対処方針、サービス利用による維持・改善の見通し、医学的管理の必要性、医学的観点からの留意事項、感染症の有無）

5　特記すべき事項

※主治医意見書の様式は、全国一律です。

退院時カンファレンス

　医療機関で治療を受けていた患者の在宅移行に際し、ポイントとなるのが医療と介護との連携です。医療側では、退院支援を行う「地域連携室」や退院支援を行う看護師を配置して行う場合や、主治医と病棟の担当看護師が行う場合があります。一方、介護側で中心となるのはケアマネジャーです。

①**退院支援が必要な場合**（病院でのスクリーニングにより判断される）

病院⇨**ケアマネジャー**

入退院時の 連携シート	病院が行う	● ケアマネジャーがいない時…本人や家族と相談し、決定 ● 要介護認定を受けていない時…本人や家族より申請をする

②**退院が決定したら**　病院…ケアマネジャーへ退院予定を連絡

ケアプラン 原案作成	**ケアマネジャー**…病院を訪問し、本人・家族の意向を確認。病院側に状況などの確認を行う ※必要に応じ本人宅（退院後の生活の場）を訪問する

③「**退院時カンファレンス**」を実施

【出席者】本人、家族

　病院側…主治医、看護師、地域連携担当者、PT・OT・STなど

　介護（在宅）側…**ケアマネジャー**、在宅主治医、サービス担当者、地域包括支援センター、行政など

- 本人・家族への説明、同意を得て、具体的な調整までを行う
- 病院側から、病状や必要な医療処置、ケアの内容、現在のADLの状態について説明を行う（退院計画書、看護サマリーの確認ができるとよい）
- 介護側から、生活をおくるうえで必要な療養やケアについて確認し、話し合う（実際サービスにあたる担当者が出席するとよい）
- 出席者全員が情報を共有し、決定事項を理解していることが重要

訪問看護導入検討チェックリスト

以下の項目にあてはまる場合、訪問看護の導入を検討しましょう。

健康状態	☑ 入退院を繰り返している	
	☑ 進行性の難病である(ALS、パーキンソン病関連疾患、多系統萎縮症 など)	
	☑ 慢性疾患である(肝不全、腎不全、心不全などの状態、糖尿病、肺疾患 など)	
ADL・IADL	☑ 打撲・骨折等で寝たきりの状態	
	☑ 入浴時に脈や血圧の変動が激しい	
	☑ 服薬について理解が不足している	
	☑ 指定どおりに服薬できない	
排泄	☑ 排泄コントロールが必要である	
	☑ 導尿や浣腸、摘便が必要である	
褥瘡・皮膚	☑ 褥瘡の処置が必要である	☑ 浮腫(顔、下肢など)がある
口腔衛生	☑ 口腔内を清潔に保てない	☑ 義歯の不適合がある
食事摂取	☑ 誤嚥の危険性が高い	
	☑ 体重が減少してきている	
	☑ 食欲がなく、摂取量が少ない	
	☑ 水分摂取量が少ない、脱水を起こしやすい	
行動障害	☑ 暴言・暴行、徘徊、異食・不潔行為などがひどい	
介護力	☑ 介護力がないまたは弱い(介護者の疲弊を含む)	
特別な状況	☑ 在宅療養やターミナルケアへの不安がある	
医療処置	☑ 膀胱留置カテーテルを挿入している	
	☑ 消化器・尿路ストーマを造設している	
	☑ 経管栄養を行っている	☑ 痰の吸引が必要
	☑ 在宅腹膜透析を行っている	☑ 疼痛管理が必要
	☑ 在宅酸素療法を行っている	
	☑ 人工呼吸器を使用している	
	☑ 自己注射をしている(インスリンなど)	
	☑ 傷に対するケア必要(褥瘡、皮膚潰瘍、爪の異常など)	
	☑ 感染に対するケアが必要(疥癬、MRSA、尿路感染、肺炎、肺結核など)	

さくいん

さくいん

さ

さくいん

な

は

正誤等の情報につきましては、下記「ユーキャンの本」ウェブサイトでご覧いただけます。
https://www.u-can.co.jp/book/information

執 筆 協 力	株式会社 東京コア
装 丁	林偉志夫（IH_Design）
本文デザイン	次葉
イ ラ ス ト	寺崎愛／株式会社フロス
編 集 協 力	早坂美佐緒（株式会社 東京コア）
企 画 編 集	株式会社 ユーキャン

ケアプラン&アセスメントで使える！
ケアマネのための医学の知識

2021年7月19日 初 版 第1刷発行

監修者	白井幸久
編 者	ユーキャン介護職のためのケアプラン研究会
発行者	品川泰一
発行所	株式会社 ユーキャン 学び出版
	〒151-0053 東京都渋谷区代々木1-11-1
	Tel 03-3378-2226
編 集	株式会社 東京コア
発売元	株式会社 自由国民社
	〒171-0033 東京都豊島区高田3-10-11
	Tel 03-6233-0781（営業部）

印刷・製本 シナノ書籍印刷株式会社